Monika Rainer

# Zwei Welten und ein Königreich

NLP einmal ganz anders

# Monika Rainer

# Zwei Welten und ein Königreich

**Märchen und Geschichten für kleine
und GROSSE (Ver)Änderungen
im Leben – für den Einsatz in
Training und Beratung, oder einfach
zum Lesen**

**NLP einmal ganz anders**

Junfermann Verlag · Paderborn
1997

© Junfermannsche Verlagsbuchhandlung, Paderborn 1997
Textillustrationen: Thomas Klefisch
Coverillustration: Andrea Caprez
Covergestaltung: Petra Friedrich

Satz: adrupa Paderborn
Druck: PDC – Paderborner Druck Centrum

Die Deutsche Bibliothek – CIP-Einheitsaufnahme
**Rainer, Monika:**
Zwei Welten und ein Königreich: Märchen und Geschichten für kleine und große (Ver)Änderungen im Leben – für den Einsatz in Training und Beratung, oder einfach zum Lesen. NLP einmal ganz anders / Monika Rainer. –
Paderborn: Junfermann, 1997
  ISBN 3-87387-345-1

NE: GT

ISBN 3-87387-345-1

# Inhalt

Für meine Mutter

**Edith Rainer**

Ganz besonders bedanke ich mich bei

**Dr. Gerhard Fries**
– meinem Lehrer –

**Walter Barwenczik**
– dem Mann mit der Idee –

**Friedemann Tils**
– meinem Freund,
härtesten Kritiker und besten Ideengeber –

**Yvonne Buss**
**Marion Knapp**
– meinen liebsten Freundinnen,
die immer Zeit für Generalproben hatten –

**Hedwig Neven-DuMont**
– der besten Seminarveranstalterin der Welt,
die mir Gelegenheit für Premieren gab –

**Michael Luther**
– der mir Mut machte, als ich aufgegeben hatte –

**Yasemin Ardiç**
**Jutta Beyer**
**Ulrich Brinkmann**
**Annette Rainer**
– die mir ihre Ideen schenkten –

**Thomas Güntzer**
– einem absolut liebenswerten Mann,
der mich **immer** seinen Drucker nutzen ließ –

**Gottfried Probst**
– vom Junfermann Verlag,
dem besten Unternehmensberater
bei der Gründung von Königreichen –

# Ein Vorgespräch

An einem verregneten Oktobermorgen: Ich stand auf und begann langsam das Frühstücksgeschirr abzuräumen. Plötzlich wurde mir bewußt, daß seit dem Erwachen monoton zwei Worte in meinem Kopf wider- und widerhallten. Es war, als wenn ich regelrecht auf ihnen herumkaute, die Worte drehte und wendete: ‚Linguistisches Neuroprogramm, programmatisches Neurolinguieren, neurotisches Linguaprogramm, Neurolinguistisches Programmieren‘, als wenn ihr Sinn dadurch zum Vorschein kommen würde, was zweifelsfrei nicht der Fall war. Mittlerweile bekam ich die Worte zumindest ohne Stottern über die Lippen.

Gestern abend, vor dem Zubettgehen, hatte ich noch einmal nach der Zeitung gegriffen und auf einer der Innenseiten die Anzeige eines bekannten Bildungs- und Kulturinstituts entdeckt. Es handelte sich um die Vorankündigung einer Veranstaltung mit dem bedeutungsvollen Titel:

---

### EINE VERÄNDERUNG

– im großen wie im kleinen,
beruflich oder privat –

### IN ANGRIFF NEHMEN

Techniken des
*Neurolinguistischen
Programmierens*

———

Sonntag, 23. November 199..

10.00 – 18.00 Uhr

Anmeldung: .........

---

Meine Augen hatten sich für eine Weile festgebissen. – Wochenlang schob ich es
nun schon vor mir her. Im Urlaub hatte ich den festen Entschluß gefaßt, mich
endlich um einen neuen Job zu kümmern. Doch *immer* gab es Wichtigeres.

Noch 10 Minuten bis mein Zug fuhr; Zeit genug für einen Anruf. Doch wahrscheinlich gab es gar keine Plätze mehr. Und was war dieses Neurolinguistische
Programm? Wieder eine neue Mode? Doch wenn ich jetzt nicht endlich ...! Wer
auch immer dafür verantwortlich war: Ich griff mit der einen Hand zum Telefon-
hörer, mit der anderen Hand versuchte ich, in der mittlerweile ziemlich zerfled-
derten Zeitung die Anzeige wiederzufinden. In Halbschräglage wählte ich –
auflegen konnte ich immer noch. Dann eine ältere, weibliche Stimme. – Oh Gott,
kein Anrufbeantworter!

Ich fing an zu stottern, mich würde das Seminar bzw. der Titel sehr interessieren,
müßte aber zu meiner Schande gestehen, daß ich mir unter besagtem Begriff nichts
vorstellen könnte. Ob es etwas mit EDV zu tun hätte, ob Vorkenntnisse erforderlich seien und überhaupt, ob denn noch Plätze frei seien ...? Warum hatte ich bloß
angerufen? Die Stimme klang eigentlich sehr freundlich, als sie sagte: Ja, es seien
noch Plätze frei, und Vorkenntnisse seien nicht erforderlich, da brauchte ich keine
Sorgen haben. Ob sie mir kurz erzählen solle, was es mit dem Neurolinguistischen
Programmieren auf sich habe. Ich holte Luft und entgegnete dankbar seufzend:
„Eigentlich schon." Auf diese Weise verblieb zudem noch ein wenig Zeit bis zur
endgültigen Entscheidung.

Die Stimme hob an, NLP könnte ich mir als eine Art Denkschule vorstellen, in der
man lernen könne, so zu denken, wie Menschen, die – auf welchem Gebiet auch
immer – erfolgreich seien; gleichgültig, ob es sich dabei nur um bestimmte
Fähigkeiten handele oder ganz grundsätzlich darum, wie man sich selbst verändern könne. Sie wisse, das sei jetzt sehr verkürzt dargestellt, aber NLP lerne man
am besten in Praxis kennen. Sie könne mir noch ausführlichere Informationen
schicken, doch das seien nur Buchstaben auf Papier. Sie würde mir raten, es
einfach auszuprobieren. – Schweigen.

Ich hatte das Gefühl, nichts verstanden zu haben, andererseits hörte es sich auch
nicht schlecht an. Ich dachte an die Seminargebühr, an meinen Zug, der gleich
fuhr, verfluchte die Uhr, deren Zeiger unbarmherzig einfach weiterlief, und es
entfuhr mir: „Gut, dann melde ich mich an."

## oder: Die dreizehnte Geschichte

Eines Nachts in einem Arbeitszimmer: das Arbeitszimmer einer Frau, die ihren Lebensunterhalt mit Vorträgen und Seminaren bestreitet. Vor etwa einer halben Stunde war sie, nachdem sie die Unterlagen für das am nächsten Tage beginnende Seminar zusammengestellt hatte, erschöpft zu Bett gegangen. Sie war so müde gewesen, daß sie – was selten vorkam – diesen Abend darauf verzichtet hatte, auf ihrem Schreibtisch noch Ordnung zu schaffen. Sie hatte nur noch einen gequälten Blick darüber schweifen lassen: über die zwei neben der Tastatur liegenden Ordner, das Marmeladenglas mit den Stiften, daneben die sich schon in ziemlicher Schräglage befindliche Korrespondenz, das Chaos rechts vom Computer, bestehend aus Disketten, Stiften, Zetteln, Schere und der halbleeren Flasche Sprudel. Wie so oft, wenn sie zu lang, zuviel gearbeitet hatte, waren ihre Gedanken wieder unaufhaltsam zurück in die Vergangenheit gewandert, zu der Zeit, als sie davon geträumt hatte, einmal Geschichtenerzählerin zu werden. Doch der Markt für diese Art von Broterwerb war nicht rosig gewesen. Mit einem Seufzer hatte sie sich abgewandt und hatte, mehr wankend als gehend, den Weg in Richtung Badezimmer eingeschlagen, blind noch den Lichtschalter hinuntergedrückt.

Jetzt war es still. Der Vorhang war nur halbzugezogen. Das einfallende Licht des nächtlichen Stadthimmels hinterließ auf dem Boden einen langen orangefarbenen Lichtkeil.

*Paaff*! – Der Ordner mit den Märchen und Geschichten sprang auf, sein Deckel sauste auf den neben ihm liegenden, den Ordner mit den Seminarunterlagen nieder, und mit unterdrückter Stimme rief er: „Hey, wach auf. Wir müssen reden." Die Antwort war nur ein undeutliches Grummeln. Der Geschichtenordner holte Schwung, ließ seinen Deckel ein zweites Mal fallen, woraufhin von unten ein hohes „Autsch" erklang und nach einer Pause: „Was soll das? Was willst du Hochnase? Kannst du nicht schlafen?" „Wie nennst du mich: *Hochnase*?!" „Ja, wir

Vernünftigen beobachten dich schon eine Weile. Du kommst dir doch als was Besseres vor", entgegnete der Seminarordner. Entrüstet von oben: „Sei bloß vorsichtig, ich bin nicht eingebildet, ich bin das *Königreich*." Der Seminarordner gähnend: „Sage ich doch, Hochnase. Aber könntest du jetzt bitte zur Sache kommen?" „Dann wach doch erst einmal richtig auf, wir haben nicht viel Zeit", der Geschichtenordner ungeduldig. „Komm, ich mache dir Platz, und dann erkläre ich es dir." Er hüpfte weiter nach rechts und landete mit leichter Schlagseite auf der Computertastatur. Während der Seminarordner mühsam gegen die Sperre ankämpfte, brummte er: „Also gut. Ich will in deinem Sinne nur hoffen, daß ein gewichtiger Grund für dieses Manöver vorliegt, ich habe Urlaub und muß mich erholen." Er sprang dann mit etwas zu viel Schwung auf, was ihm beinahe den Sturz in den Abgrund eingebracht hätte. Vorsichtig ruckelte er zurück zur Tischmitte.

„Also, was ist Hochnase? Schläft sie auch wirklich? Es wäre mir peinlich, so erwischt zu werden."

Nach einem Räuspern hob der Geschichtenordner an: „Du hast doch heute nachmittag auch ihren Versuch miterlebt, mich in ein Buch zu pressen. Du brauchst es gar nicht abzustreiten: Ich weiß, daß du mit ihr unter einer Decke steckst. Aber, das werde ich mir nicht gefallen lassen. Das könnt ihr tausendmal probieren, es wird nicht klappen!" Von links ein kurzes Lachen und: „Du meinst, ihren idiotischen Plan, den in deinem Inneren befindlichen Eskapaden einen vernünftigen Rahmen zu geben. Jetzt kann ich dir ja die Wahrheit sagen. Ehrlich gesagt, habe ich überhaupt keine Lust, mich mit diesen Phantastereien zu befassen. Das Ganze hat weder Hand noch Fuß und hat nur ein Ziel: deine Eitelkeit zu fördern. *Königreich!* – Wenn ich so etwas höre! Es ist schon genug, wenn sie mein Innenleben immer wieder mit deinen Spinnereien bestückt, um sie ihren Seminarteilnehmern dann mit viel Geheimnistuerei vorzutragen." Stöhnend fuhr er fort: „Doch diese Frau scheint einen Narren an dir gefressen zu haben. Gut, nur darf sie sich nicht wundern, wenn wir zu diesem Gesabbere nichts Vernünftiges zu sagen haben. Denn – wir verstehen es einfach nicht."

Für eine Weile war es still, bis aus Richtung des Geschichtenordners zunächst wieder das Räuspern und dann nur noch ein einziger Wortschwall zu hören war: „Ihr wollt mich ja auch nicht verstehen. Wenn sich hier jemand als etwas Besseres vorkommt, dann doch wohl ihr. Erstens seid ihr in der Übermacht. Zweitens überall, wo ihr hinkommt, wird euch erst einmal Vertrauen entgegengebracht. Ich? Ich muß mich immer erst anstrengen, um akzeptiert zu werden." Er holte Luft, in seinen folgenden Worten schwang Zynismus mit: „Aber wahrscheinlich braucht sie mich, damit die Teilnehmer über eure langweiligen, aber so vernünftigen Worte nicht einschlafen." Spitz endete er: „Aber weißt du was? Dir vertraut sie, mich liebt sie."

Vielleicht eine Minute, die sich wie eine Stunde hingezogen hatte, war vergangen, da war von links zu hören: „Okay, bist du fertig? Dann kann ich wohl wieder schlafen gehen." Erneut Schweigen. Dann von rechts, die Deckel des Geschichtenordners vibrierten: „Nein, ich bin noch nicht fertig! Sie will mich erklären, sie will mir Vernunft angedeihen lassen. Ich will aber nicht vernünftig sein, ich bin nicht vernünftig!" Scharf wurde er unterbrochen: „Verdammt noch mal, nicht so laut. Du machst sie ja noch wach." Dann, freundlicher, doch die Ironie war nicht zu überhören: „Sag mal Hochnase, kann es sein, daß du eifersüchtig bist? Du mußt es einfach sein, denn ich will dieses Buch genauso wenig wie du."

Seufzen auf der anderen Seite, dem ein erneuter Wortschwall folgte. Er sei nicht eifersüchtig, das hätte er gar nicht nötig, es sei nur so ... usw., usw. Wieder unterbrach ihn der Seminarordner ungeduldig: „Also, können wir es verhindern?" Schweigen – dann kleinlaut von rechts: „Ich befürchte nein." Und nach kurzer Pause in spitzem Ton: „Spielst du jetzt wieder den Vernünftigen?" Dem wurde schnurstracks entgegengesetzt: „Na ja, ein bißchen Vernunft würde dir ganz gut stehen." „Ich wüßte nicht wozu", wurde knapp gekontert. Diesem Geplänkel setzte der Seminarordner ein Ende, indem er mit erhobener Stimme in den dunklen Raum warf: „Jetzt hör mir mal zu, du eitler Fratz, du und dein verrücktes Innenleben, ihr würdet irgendwo in der hintersten Ecke des Regals verstauben, wenn wir den Menschen nicht entgegenkommen und erst einmal vernünftig mit ihnen reden würden. Du kennst sie genauso wie ich, sie wollen mit Worten, Fakten, Beispielen überzeugt werden. Ich finde das manchmal selbst ein wenig langweilig, aber sie wollen es so. Und ich schlage mir hier nicht die Nacht um die Ohren, um mich von dir beschimpfen zu lassen." Seine Deckel klapperten.

Wieder Schweigen. Irgendwann, kaum verständlich, doch Dunkelheit läßt Worte klarer erklingen, war aus der anderen Ecke zu vernehmen: „Okay, wahrscheinlich hast du recht." Im nächsten Moment zuckten sie zusammen. Schlurfende Schritte erklangen im Treppenhaus, dann – beide hielten die Luft an – das Klacken der Kühlschranktür. Entspannt ließen sie ihre Deckel wieder fallen. Es war nur Thomas, ihr Lebensgefährte, der einmal wieder nicht schlafen konnte.

Der Seminarordner flüsternd: „Gut, ich hoffe, du hast jetzt endlich begriffen, wozu wir Vernünftigen da sind." Er hielt inne: „Dabei fällt mir ein, das Ganze hat ja nun auch seinen Reiz. Vielleicht bliebe mir dann in Zukunft erspart, daß du zuweilen in meinem Innenleben herumlungerst, denn es gäbe dann ja dieses nette kleine Büchlein." Als von rechts nur ein Stöhnen erklang, lenkte er ein: „Nichts für ungut. Also, da wir, ein Mensch würde sagen, in einem Boot sitzen – Gott bewahre, da wird man naß – schlage ich vor, du erklärst mir jetzt einmal, was es mit dir auf sich hat. Auf Seite 17 meines Innenlebens steht zwar etwas über Metaphern. Doch mit dir scheint es noch eine ganz besondere Bewandtnis zu haben. Und wir wollen doch nicht, daß sie und ich etwas Falsches über dich schreiben."

Der Geschichtenordner aufbrausend: „Ich erkläre hier überhaupt nichts, und *ihr* schreibt schon lange nichts. Und um es ein für allemal klarzustellen: Ich bin nicht zum Erklären da, sondern zum *Erzählen*." Aus der anderen Ecke knapp: „Weißt du was? Schreib dein Buch doch einfach selbst." Stille. Dann von rechts gepreßt:

„Kann ich nicht." Als wenn er diese Reaktion erwartet hätte, der Seminarordner: „Ich mache dir einen Vorschlag, wenn überhaupt, dann schreiben wir alle gemeinsam, und die genaueren Modalitäten legen wir erst noch fest. Einverstanden? Aber Hochnase, jetzt zier dich nicht so. Ganz im geheimen hat's mich schon lange interessiert, was sie an dir findet. Also erzähl schon."

„Versprich mir erst, daß du dich nicht mehr mit ihr verbündest", erklang von rechts. Ein gedehntes „Jaaaa" war die Antwort.

„Also", der Geschichtenordner ruckelte sich auf der Tastatur zurecht, „du weißt ja, wie sehr sie Veränderung liebt. Was hat sie in ihrem Leben nicht schon alles angestellt? Immer wieder muß sie etwas Neues anfangen. Und du weißt auch, wie wütend sie werden kann, wenn es mit dem neuen Leben, welches sie sich gerade einmal wieder vorgenommen hat, nicht so schnell klappen will. Immer wieder muß sie feststellen, daß zwei Welten sie gefangenhalten: ihre Vergangenheit und die sie umgebende Welt." Er holte Luft und fuhr fort: „Das Problem möchte ich einmal haben, was wäre ich froh, wenn man mich in Ruhe, in meiner Welt beließe."

„Doch zurück zu ihr: Nun – eines Tages hat sie sich gedacht – sie hatte ja diese seltsame Ausbildung in, wie heißt das noch, NPL gemacht; wenn ich es mir recht überlege, ist seitdem alles nur noch schlimmer geworden – also sie hat sich gedacht, sie braucht einfach eine neue Welt, um sich von den beiden anderen leichter lösen zu können. Und damals begann sie, sich diese neue Welt einfach selbst zu schaffen, und zwar in ihrem Kopf. Sie gestaltete sie so lebendig, so bunt, so laut oder leise, so gefühlvoll, wie das richtige Leben. Sie nannte sie ihr *Königreich*. Es war nach ihren eigenen Wünschen gestaltet, dort herrschten ihre Normen, ihre Regeln." Der Geschichtenordner holte Luft und endete: „Und dieses Königreich war meine Mutter."

Mit einem Seufzer, sein Deckel fiel schlaff auf die Tastatur, fuhr er fort: „Ja, meine Mutter hat es noch gut gehabt. Sie hat man noch nicht in Buchstaben und anschließend in einen Ordner gepreßt. Mittlerweile scheinen alle vergessen zu haben, daß Geschichten nur in den Köpfen der Menschen magisch werden. Mir, mit meinem blatthaftem Innenleben, haftet nichts Zauberhaftes mehr an. Und weil diese Frau gemerkt hat, daß mir alle Lebendigkeit verloren gegangen ist, muß sie immer an mir herumbasteln." Schroff unterbrach ihn der Seminarordner: „Könntest du jetzt bitte wieder zur Sache kommen?"

Scharf die Luft einziehend fuhr der Geschichtenordner fort: „Nun, alles nahm seinen unseligen Anfang mit jenem Seminar, welches sie für ihre Kollegen abhalten sollte. Wie immer, nahm sie zunächst einmal dich zur Hand. Sie blätterte und blätterte in dir und entdeckte, daß dir etwas fehlte." „Daß mir bitte was?" Der Seminarordner schien wieder hellwach. Mit spitzer Zunge von rechts: „Ja, daß dir etwas fehlte, meine Mutter hat es mir erzählt. Gewiß, du besaßest alles, was Teilnehmer glücklich machen konnte, nur genauso schnell, wie du sie glücklich machtest, vergaßen sie dich auch wieder und ..." Seine folgenden Worte gingen unter in einem quietschenden „Autsch, so paß doch auf! Hör auf, hier so herumzuzappeln!" Und mit gepreßter Stimme: „Aber zu deiner Behauptung, man würde mich vergessen, nur eins: Wenn sie dieser Meinung ist, dann liegt das einzig und allein daran, daß sie sich nie – ich betone: *nie* – an das Konzept hält." Der Geschichtenordner ging gar nicht darauf ein, entschuldigte sich kurz und sagte: „Zunächst hatte sie keine Idee, was zu tun sei. Doch am nächsten Morgen, beim Zähneputzen, fiel ihr plötzlich die Lösung ein. So setzte sie sich an diesen Tisch, knipste die Computermaschine an und tippte eine Geschichte gegen das Vergessen. Anschließend ließ sie diese Druckermaschine die ersten Seiten meines Innenlebens herunternadeln, griff nach einem Ordner – so ein abgefressenes Teil aus der hintersten Ecke – packte sie hinein und krakelte *Geschichten* auf den Ordnerrücken. Das war das Ende meiner Mutter und die Entstehung der *Dezembergeborenen*." „Bitte was?" erklang es von links. „Na ja, zu Beginn hat sie sie noch nach dem Monat ihrer Entstehung benannt."

Der Seminarordner müde: „Jetzt weiß ich zwar, warum du so alt aussiehst, aber ich weiß immer noch nicht, was das Besondere an dir sein soll." „Sei nicht so ungeduldig", wurde er zurechtgewiesen und: „Also zwei Tage später entriß man mir die *Dezembergeborene* wieder, warf sie in dein Innenleben, verschleppte sie in besagtes Seminar und übersetzte sie dort in Worte. Zu Hause wurde als erstes wieder die Computermaschine gefüttert, an der *Dezembergeborenen* wurde herumerzogen und anschließend wurde sie meinem Innenleben wieder eingefügt. Und so geht das nun schon Monat für Monat, Jahr für Jahr. – Ich bin nur ein Geschichtenparkplatz."

„Jetzt hör mir mal zu Hochnase, das alles passiert mir allemal tagtäglich, wenn du nicht bald mit der Pointe herausrückst, dann ... dann ...", drohend von links.

Stille – ihrer beider Deckel waren gespannt. Irgendwann der Geschichtenordner zögerlich: „Ich glaube, ich will das Ganze doch nicht. Man kann und darf mich nicht erklären. Der Zauber würde zerstört. Und überhaupt – man braucht mich auch nicht zu erklären, man versteht mich auch so. Über euch wird stundenlang diskutiert, bei mir herrscht Ruhe. Und im Gegensatz zu euch Schlaumeiern stehe ich in alter Tradition." Scharf von links: „Jetzt reicht's, du eitler Fratz, manche Menschen wird es interessieren, und ich mache dir jetzt ein Angebot: Wir überreden sie, daß sie dich und dein Innenleben ohne Kommentar an den Anfang des Buches stellt." Der Seminarordner kicherte: „So eine Art *Ewiger Parkplatz*, ich will nicht sagen Friedhof." Wieder ernst fuhr er fort: „Und ich stelle dir jetzt ein paar Fragen, so daß sie zum Schluß ein paar vernünftige Erklärungen dazu abgeben kann, in welchen Fällen man dich anwenden sollte. So kannst du deinen", er zischte: „ZZZZZauber behalten, und vernünftige Menschen bekommen ein paar Sätze für ihren gesunden Menschenverstand."

Schweigen, nur ihr beider Atem war zu hören. Irgendwann leise der Geschichtenordner: „Einverstanden", er stockte, „unter *einer* Bedingung". „Und die wäre?" erklang es müde von links. „Du darfst mich nie mehr Hochnase nennen." Stille – dann mit koketter Stimme der Seminarordner: „Wie hättest du's denn gerne?" „Du weißt genau, wie ich heiße!" Als keine Reaktion erfolgte, buchstabierte der Geschichtenordner abgehackt: „K Ö N I G R E I C H". „Nun, ich dachte die Monarchie ist abgeschafft. Aber na gut, wenn's dir so wichtig ist. Dann bin ich halt der König." Tiefes Knurren die Antwort.

Der Seminarordner unbeirrt: „Gut, das hätten wir, dann erzähle mir zunächst einmal, was die Menschen so sehr an dir lieben." Der Geschichtenordner, seine Stimme hatte jetzt einen melodiösen Klang: „Im Gegensatz zu meiner Mutter findet man in meinem Innenleben nicht nur die verschiedensten Königreiche, sondern auch die Wege, die dorthin führen können. Und das hat alles sehr viel mit diesem PLM oder so zu tun, aber davon verstehst du mehr als ich." „Hm", kam aus der anderen Ecke und dann: „Wenn es verschiedene sind, wovon handeln sie?" Der Geschichtenordner erzählte es ihm. Und so gab er die ganze restliche Nacht königliche Antworten auf vernünftige Fragen.

Sie waren so vertieft in ihr Gespräch, daß sie sie beinahe überhört hätten: die Schritte im Hausflur. Sie waren bereits gefährlich nahe. Überstürzt versuchten sie, sich wieder zuzuklappen, was dem Seminarordner ein zweites Mal beinahe den Absturz eingebracht hätte. Unterdrückt fluchend schnappte er metallisch zu. Man meinte noch ein Kichern zu hören, doch wahrscheinlich war es Einbildung.

**Drei Sätze von *ihr*:**

Es stimmt, ich bin ein Fan von Veränderung. Nicht nur meine Eltern,
auch meine Freunde wissen ein Lied davon zu singen. Zugegeben,
bisweilen mag ich es ein wenig übertreiben. Doch, bitte, sagen Sie mir,
was kann spannender sein?

Es ist Krimi im Kopf.

## Königreiche zum Lesen

Monate später, eines Abends in besagtem Arbeitszimmer:

Sie stand vor dem Schreibtisch, betrachtete den Seminarordner links von der Tastatur, strich mit der Hand darüber und nahm vorsichtig das danebenliegende Buch zur Hand.

Sie schlug es auf, überprüfte, ob die Merkzettel an den richtigen Stellen lagen, damit sie sie nachher sofort finden könnte.

Langsam verließ sie das Arbeitszimmer, schritt durch den Flur auf die Haustür zu, das Buch fest an den Oberkörper gepreßt. Zum ersten Mal war es das einzige, was sie zu einer Veranstaltung mitnahm.

---

**Märchen und Geschichten**

Ein Vorleseabend
Beginn: 18.00 Uhr

---

Vorlesedauer:       2 Min.
Tips zum Einsatz: S. 106

# Erste Geschichte
## *In der Fremde*

Er schwieg noch immer, als sie jetzt abrupt aufblickte und mit Nachdruck zum zweiten Male sagte: „Ja, er ist weg – mein Traum ist weg!" Ihre Worte standen im Raum. Die Stille um sie herum rückte so sehr in sein Bewußtsein, daß er dankbar war, als sie wieder anhob: „Also lebe ich jetzt als Realist. Zu Beginn war es nicht leicht, man fühlt sich doch oft sehr allein. Aber mittlerweile habe ich mich an dieses Leben gewöhnt. Ich bin jetzt unabhängiger, muß mich nach keinem mehr richten und habe mit diesen ganzen Schwierigkeiten *nichts* mehr zu tun." Sie hielt inne, drehte den Kopf zum Fenster.

Er überlegte: Die Menschen hier, ihr Verhalten waren ihm so fremd. Gewiß, er verstand ihre Sprache, doch es war, als wenn er vor einer gläsernen Wand stände, durch die kein Hindurchkommen war. Er wollte die Pause nicht zu lang werden lassen, deswegen fragte er vorsichtig: „Was ist passiert? Haben Sie ihn verloren, ist er gestorben?" Ihre Augen verengten sich, und sie entgegnete schroff: „Nein, ich habe mich von ihm getrennt." Diese Äußerung duldete keinen Widerspruch, keine weitere Frage. Plötzlich, mitten in seine Gedanken hinein, hob sie erneut an: „Ich will es Ihnen erklären. In der Anfangszeit, ja, da ist es wie im Rausch, man schwebt im siebten Himmel, nimmt um sich herum kaum etwas anderes wahr, so schön ist es. Doch irgendwann kommen die ersten Probleme. Der Andere wird anspruchsvoll, und so sehr man sich auch bemüht, man kann es ihm einfach nicht mehr recht machen. Gut, ich gebe zu, es gab auch andere. Aber letztlich bin ich ihm treu geblieben. Doch, ich bin schlicht nicht mehr an ihn herangekommen. Und dann war es einfach Zeit, einen klaren Schlußstrich zu ziehen."

Ihre Worte, mit aller Endgültigkeit gesprochen, schwirrten in seinem Kopf. Er verstand nicht: Die Menschen hier trennten sich lieber von ihren Träumen, als von der Art und Weise, wie sie sie verfolgten.

Vorlesedauer:    10 Min.
Tips zum Einsatz:  S. 108

## Zweite Geschichte
### Die Grenze

Zuerst war es nur ein winziger Fleck am Horizont gewesen. Er meinte noch, es sich einzubilden. Doch mit jedem Schritt war es deutlicher geworden, und es mußte es einfach sein: das Tor – das Tor in das Weiße Land. Seinen Namen verdankte es diesem riesigen Eingangstor aus strahlend weißem Marmor.

Schon manch anderer hatte sein Glück versucht, hatte sich aufgemacht, um dort ein neues Leben zu beginnen. Die meisten hatten jedoch auf halber Strecke kehrtmachen müssen, die Strapazen der Reise waren übermächtig gewesen. Und von denen, die es bis hierhin geschafft hatten, hatte nur ein Bruchteil die Prüfung bestanden, die es galt abzulegen, wollte man Bürger dieses Landes werden. Es hieß, dort könne man das glücklichste Leben auf Erden führen. Mehr war nicht bekannt. Die, die es vollbracht hatten, waren nie mehr gesehen worden.

Es kursierten die verschiedensten Theorien darüber, wie die Prüfung zu bestehen sei. Einmal hieß es, nur überdurchschnittliche Intelligenz wäre erfolgversprechend. Dann wieder wurde behauptet, lediglich als demütiger Bittsteller hätte man eine Chance. Innerhalb seines Freundeskreises hatte die Ansicht vorgeherrscht, einzig die bisherige Lebensführung des Einlaßsuchenden wäre ausschlaggebend. Bevor er diese Reise angetreten hatte, hatte er mit großem Eifer versucht, all diesen Spekulationen auf den Grund zu gehen. Zum guten Schluß war er nur hoffnungslos verwirrt gewesen. – Jetzt wollte er bloß noch sein Glück versuchen. Das einzig Sichere war, daß niemandem ein zweiter Versuch gewährt wurde.

Er konnte sich kaum mehr auf den Beinen halten, schleppend näherte er sich dem Tor. Heftiger Durst plagte ihn. Er suchte nach einer Klingel oder einem Türklopfer. Doch da, ganz langsam, öffneten sich die beiden Flügel des Tores, vollkommen lautlos. Ein mulmiges Gefühl kroch in ihm hoch. Keine Menschenseele war zu sehen. Sein Blick wurde frei für ein weiteres Tor, das in Form und Größe haargenau dem ersten glich. Es begrenzte einen Raum, so groß wie ein Saal. Die Wände und der Boden waren in weißem Marmor gehalten. Ein Dach fehlte. Hellgleißendes Licht herrschte. Auf der rechten Seite standen eine hölzerne Bank, ein kleiner Tisch mit einem Krug Wasser und einem Trinkbecher darauf. An der gegenüberliegenden Wand lehnte verloren ein zierlicher Stuhl. Allein der Anblick des Kruges ließ ihn ohne lange Überlegung eintreten. Er spürte nur, wie sich hinter ihm das Tor wieder schloß. Hastig griff er nach dem Krug, goß den Inhalt mit zitternden Händen in den Trinkbecher und trank und trank und trank.

Aus dem linken Augenwinkel wurde er gewahr, wie sich zuerst der rechte und dann auch der linke Flügel des zweiten Tores in Bewegung setzte. Schnell stellte er Krug und Becher wieder ab, hielt den Atem an. Das Tor war zur Hälfte geöffnet, da erschien eine Frau mittleren Alters, eingehüllt in ein seltsam geschnittenes Gewand aus glänzend violettfarbenem Stoff. Schulterlange, schwarze Haare umrandeten ihr sehr weißes Gesicht. Sie kam – ohne daß man ihre Schritte auf dem Boden hören konnte – auf ihn zu. Für einen kurzen Moment standen sie sich aus nächster Nähe gegenüber. Er schaute in gütige dunkelbraune Augen. Das Tor hatte sich hinter ihr wieder geschlossen.

Mit stummer Handbewegung wies sie ihn an, auf der Bank Platz zu nehmen. Und noch während sie sich in Richtung des kleinen Stuhles bewegte, hörte er sie sanft fragen: „Sage mir Fremder, was erwartest du von unserem Land?" Er spürte sein Herz bis zum Halse schlagen, als er sagte: „Hier soll man glücklich sein können." Die Frau: „Das meine ich nicht, was *wünschst* du dir?" Er überlegte angestrengt. Er durfte jetzt nichts Falsches sagen und versuchte es so allgemein wie möglich: „Nun, ich würde gerne Ruhe finden und in Harmonie mit anderen Menschen leben können", er brach ab, und es sprudelte aus ihm heraus: „Aber ich weiß doch gar nicht, wie euer Land aussieht, wie man dort lebt. Ich bin ehrlich bereit, mir alle erdenkliche Mühe zu geben, mich den hiesigen Sitten anzupassen." Auch wenn sie in großer Entfernung zu ihm saß, so hatte er doch bemerkt, wie sich ihre Augen für den Bruchteil einer Sekunde verengt hatten, bevor sie mit fester Stimme sagte: „Du willst Ruhe und harmonische Beziehungen. Das erscheint mir nicht viel. Bitte beschreibe es genauer." In seinem Kopf herrschte Verwirrung. War es falsch gewesen, die Ruhe zu erwähnen? Man könnte meinen, er sei ein Faulpelz. Er entschied, es mit der Wahrheit zu versuchen und sagte: „Weißt du, ich habe mein ganzes Leben lang hart gearbeitet. Ich bin Ingenieur, ich liebe meinen Beruf. Ich habe gutes Geld verdient. Aber ich bin nicht glücklich darüber geworden." Er hielt inne, überlegte und fuhr dann fort: „Verstehe doch, zwischen den Menschen herrscht ein seltsamer Krieg. Jeder denkt nur an seinen Vorteil. Es gibt keine Liebe mehr. Die Menschen reden nur noch mit Geräten, die vor ihnen auf dem Tisch stehen und abends schauen sie in Geräte hinein. Geht es ihnen schlecht, dann reden sie mit Seelenklempnern, die sie wieder in Ordnung bringen sollen. Nur miteinander reden sie nicht mehr. Fast ist es so, als sei dies keine anständige Beschäftigung. Doch mich macht es krank. Es ist mir egal, welche Arbeit ich in eurem Lande verrichte, sie kann von niedrigster Natur sein. Doch ich wünsche mir wieder Gespräche. Ich vermisse sie so."

Unverständnis las er in ihrem Gesicht. Kopfschüttelnd sagte sie: „Und das ist alles? Das soll dein zukünftiges Leben sein? Es klingt so trostlos. Um Bewohner des

Weißen Landes zu werden, reicht das nicht aus. Doch ich will dir noch eine Chance geben. Wenn es optimal wäre, was würdest du dann erleben?"

Er verstand nicht. Was wollte sie noch hören? Er hatte alles gesagt. Mehr wollte er wirklich nicht. Ja, als Kind, da hatte er geträumt. Aber das Leben hatte ihn gelehrt, nicht zuviel zu erwarten. Er hatte genügend Enttäuschungen wegstecken müssen. Offensichtlich bemerkte sie sein Grübeln, denn mitten in seine Gedanken hinein sagte sie: „Komm, überzeuge mich von deinen Träumen: Mal sie mir so aus, daß es mich mitreißt. Versuche es! – Hier ist die Grenze, hinter diesem Tor wird es keine mehr geben. Du wirst erreichen, was immer du möchtest, denn in unserem Lande gibt es eine alte Tradition der Wege, der Wege zum Ziel. Einzige Bedingung ist, daß du ein Ziel hast. Das können wir dir nicht geben."

Er starrte sie an. Zögerlich kamen seine nächsten Worte: „Eigentlich glaube ich ja nicht mehr daran, aber ich hätte gerne eine Familie. Etwas, für das es sich wirklich lohnen würde zu arbeiten. Dann wäre ich der glücklichste Mensch auf der Welt. Aber ich bin schon Mitte vierzig ... Ja, und einen Garten hätte ich gerne. Ich liebe Blumen ..." Er hielt inne, ob es das war, was sie hören wollte? Unsicher blinzelte er – die Helligkeit blendete ihn – zu ihr hinüber.

Doch ihre Augen hatte sie auf den Boden gerichtet. Bedächtig sagte sie: „Weißt du, die meisten Menschen zählen ihre Wünsche auf, als wenn sie einen Einkaufskatalog Seite für Seite umblättern würden. Doch das ist langweilig. Das sind alles Sachen, von denen sie bereits wissen, wie sie aussehen, und wozu sie gut sind. Sie orientieren sich an Dingen, die es bereits gibt, an Ereignissen, die sie schon einmal erlebt oder bei anderen beobachtet haben. Versuche es ein letztes Mal: Stelle dir vor, du würdest alles in einem Maße bekommen, wie es nur möglich ist. Auch wenn du meinst, es ginge nicht mehr besser, wäre nur noch Phantasie. Dann, nur dann wird sich dieses Tor für dich öffnen. Gut, du willst eine Familie. Wenn du sie hättest, was käme dann?"

Kopfschüttelnd murmelte er: „Ich kann nicht!" Sie sah ihn festen Blickes an, und in beharrlichem Ton entgegnete sie: „Doch du kannst!" Sie schob nach: „Weißt du, in meinem Land gibt es zwei Regeln. Die eine besagt, daß man so von seinen Wünschen eingenommen sein muß, daß einen schier nichts mehr zurückhalten kann. Und", ihre Stimme wurde wieder weicher, „hinter einem Traum gibt es immer noch einen Traum. Aus diesem Grunde muß man immer, zu jeder Zeit, mindestens zwei Wünsche haben. Jetzt eben warst du schon in Fahrt gekommen. Komm, ich möchte dich strahlen sehen. Mach mich sehnsüchtig, Fremder!"

Es platzte aus ihm heraus: „Das ist vollkommen unrealistisch und grenzt an Arroganz." Sie lächelte. Zarte Ironie lag in ihren Worten, als sie leise entgegnete: „Bei uns gibt es keine realistischen Grenzen."

Ärger stieg in ihm auf. Was bildete sie sich ein? Und er polterte: „Gut, kannst du haben. Ich will einfach Spaß haben, wie auch immer sich das gestalten mag, denn die genauen Umstände kenne ich jetzt noch nicht. Es soll mir gut gehen. Oh ja, ich habe es nämlich satt, immer zu buckeln, mich abzurackern und mich für eine Glückssträhne – so sie mir einmal zufällt – fast auch noch entschuldigen zu müssen. Nein, ich will alles haben, alles sein können. Und in gleichem Maße bin ich es leid, mich an irgendwelche Konventionen zu halten. Nein, ich will immer noch – auch wenn ich über vierzig bin – aus purer Freude durch die Straßen hüpfen können. Ich will Treppengeländer hinunterrutschen können. Ich will mir einen Walkman aufsetzen, auch wenn das in meinem Alter verpönt ist. Ich will feiern, ich will feiern, ich will feiern!!! Und nicht nur zu meinem Geburtstag."

Die Frau war aufgestanden. Sah er ein Lächeln oder ein Grinsen? Eigentlich interessierte es ihn nicht mehr. Wiederum lautlos öffnete sich das zweite Tor. Ohne ein Wort stand sie auf, ging langsam darauf zu. Sollte sie doch gehen! Es war ihm egal. Fast schrie er ihr hinterher: „Jawohl, mein Leben soll eine einzige Feier sein." Sie drehte sich um und sagte: „Was schreist du so? Komm mit, du mußt Hunger haben."

Vorlesedauer: 5 Min.
Tips zum Einsatz: S. 109

## Dritte Geschichte
### *Mein Freund*

Ich weiß es noch genau: Es war ein Novemberabend, kurz vor dem ersten Advent, als er anrief. Da ich ihn schon lange kannte, wußte ich sofort beim Ton seiner Stimme, daß irgend etwas nicht in Ordnung ist.

Nachdem er sich kurz nach meinem Befinden erkundigt hatte, sagte er leise, kaum verständlich, daß er einfach nicht mehr weiter wüßte. Er würde es zwar bezweifeln, doch vielleicht wüßte ich einen Rat. Und zögerlich begann er zu erzählen.

Er sei von der Arbeit nach Hause gekommen, müde und abgeschlagen sei er gewesen. Er hätte sich dann auf sein Sofa gesetzt, um für eine Weile abzuschalten, bevor er sich um die dringend notwendige Hausarbeit kümmern würde. Doch dann habe er aus dem Fenster geschaut und diese Dunkelheit gesehen, die jetzt noch mindestens drei Monate andauern würde. Und er wüßte, daß er morgen ebenfalls im Dunkeln aufstehen müßte. Er hätte an den Sommer zurückgedacht, an das Grün der Bäume, an die heißen Tage und die Abende, die er mit Freunden im Biergarten verbracht hätte. All das wäre jetzt Vergangenheit. Er hätte versucht, sich zusammenzureißen und sich gesagt: Es kommt doch wieder ein neuer Sommer. Doch er habe sich einfach nicht darauf freuen können. Und darüber wäre ihm klar geworden, daß er von Natur aus ein depressiver Mensch sei. Weil, in den vergangenen Wintern wäre es genauso gewesen. Jedes Jahr hätte er dagegen angekämpft – gegen das schleichende Gefühl einer Hoffnungslosigkeit. Doch immer hätte es ihn irgendwann in seinen Klauen gehabt.

Immer wenn Weihnachten näherrücke, fiele ihm alles immer schwerer. Dabei gäbe es jedesmal soviel zu tun: Weihnachtsgeschenke kaufen, seine Arbeit bewältigen, die ihn zum Jahresende naturgemäß mehr in Anspruch nähme als im restlichen Jahr, die Überlegung, ob er die Feiertage bei seiner Mutter verbringen solle, oder endlich einmal allein – einfach wegfahren und alles hinter sich lassen. Doch noch jedesmal hätte er sich dann doch dagegen entschieden. Das könnte er seiner Mutter einfach nicht antun. Und so würde er ihr wohl auch dieses Jahr wieder schweigend gegenüber sitzen, während sie ihm Vorwürfe machen würde, daß er sich nur zu den Feiertagen blicken lassen würde.

Er hätte auch noch einmal das vergangene Jahr vor seinem geistigen Auge vorbeiziehen lassen, und hätte dabei schlicht feststellen müssen, daß er doch wieder dieselben Fehler wie in der Vergangenheit gemacht habe. Wie oft habe er sich vorgenommen, sich um einen neuen Job zu kümmern, der weniger Streß bereitete? Doch was hätte er gemacht? Lediglich manchmal, und das auch nur halbherzig, am Wochenende die Stellenanzeigen studiert. – Eine innere Stimme sage ihm, er sei einfach ein Versager.

Und was der ganzen Sache noch die Krone aufsetzen würde, wäre die Tatsache, daß sich jetzt auch noch eine Erkältung anbahnen würde. Aber eigentlich wäre das ja auch klar gewesen. Sein Kollege hätte ihm schon seit Tagen eins vorgehustet. Als wenn er sich jetzt noch eine Krankheit leisten könnte. Er hätte schon zwei Aspirin genommen, aber er wüßte genau, wenn ihm abwechselnd warm und wieder kalt würde, dann wäre nichts mehr zu machen. Dabei hätte er doch morgen diesen wichtigen Kunden, wenn der ihm durch die Lappen ginge, dann ...

Ich weiß nicht mehr alles, was er gesagt hat. Woran ich mich jedoch noch sehr genau erinnern kann, war meine Ratlosigkeit, als er geendet hatte. Mir wollte schier nichts einfallen, was ich hätte sagen können. Er schwieg, und ich schwieg. Außer einem „hm" brachte ich zunächst nichts durch die Leitung. Ich überlegte fieberhaft. Mein Schweigen dürfte nicht zu lange dauern, sonst mußte er denken, es wäre wirklich hoffnungslos. Irgend etwas war jetzt besser als gar nichts. Ich sagte dann eher verzweifelt als überzeugt, ich hätte letztlich in einer Zeitschrift gelesen, daß man in solchen Momenten einfach etwas tun sollte, was man bei diesen Gelegenheiten noch nie gemacht hätte. Wenn man zunächst keine Idee hätte, sollte man einfach das Gegenteil von dem machen, was man gerade täte. – Natürlich hatte ich nichts dergleichen gelesen. Und wieder herrschte Schweigen. Hatten meine Worte so geklungen, als wenn ich ihn nicht ernst nähme? Eigentlich sollte man ja auf den anderen eingehen, ihn fragen, wie er das gemeint hätte, Verständnis zeigen, usw. Ich wollte mich gerade entschuldigen, da sagte er: „Okay, ich hab's, eigentlich ist mir danach zumute, mich zu betrinken. Das Gegenteil davon wäre ...", er überlegte, „essen zu gehen. Ich danke dir. Tschüß bis dann." Verwirrt hielt ich den Hörer in der Hand.

Bestimmt eine ganze Woche hörte ich nichts von ihm. Ich würde ihn anrufen müssen, um mich nach seinem Befinden zu erkundigen. Das gehörte sich so unter Freunden. Dann wurde ich eines Tages durch einen Anruf von ihm auf meiner Arbeitsstelle überrascht. Er dankte mir überschwenglich für meinen Rat. Er denke zwar immer noch, er würde in seinem Leben einiges falsch machen, doch sobald ihn jetzt seine Depression wieder zu erfassen drohte, würde er aufstehen und irgendein Gegenteil machen. Er hätte es inzwischen schon zu seinem Sport gemacht, sich Gegenteile auszudenken. So könnte er sich den Heiligabend mit seiner Mutter jetzt recht amüsant vorstellen, denn er hätte sich vorgenommen, ihr ein Witzebuch zu Weihnachten zu schenken. Und anstatt ihre Vorwurfstiraden über sich ergehen zu lassen, hätte er vor, immer dann, wenn es ihm zuviel würde, aus dem Buch vorzulesen. Wenn *sie* ihn mit Sachen nerven könnte, die ihn nicht interessierten, er könne das auch, und er danke mir schön und wünsche mir einen erfolgreichen Tag. Zwischen den Feiertagen würde sich gewiß einmal die Gelegenheit ergeben, zusammen ein Bier zu trinken.

Wieder hielt ich irritiert den Hörer in der Hand, schaute wie gebannt auf die Hörmuschel. Ein seltsamer Gedanke nahm Besitz von mir: Potentiell könnte auch *ich* ihm auf die Nerven gehen – welche Gegenteile mochte er wohl planen?

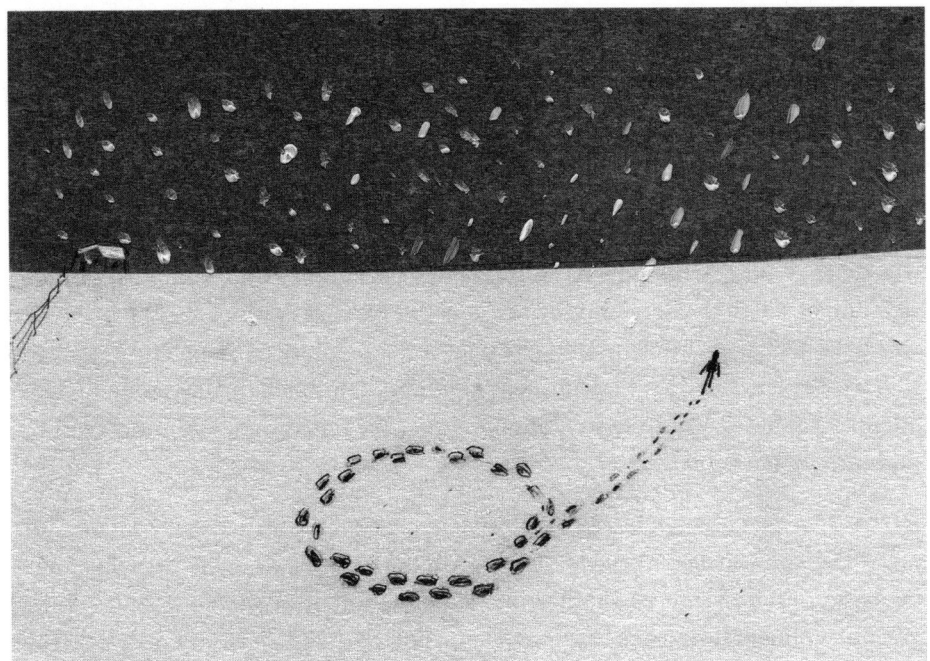

Vorlesedauer:    11 Min.
Tips zum Einsatz: S. 110

## Vierte Geschichte
### Vom zappeligen Eichhörnchen und dem weisen Bären

Es war einmal ein Eichhörnchen ... Es war ein sehr lebenslustiges Eichhörnchen. Tagtäglich suchte es das Abenteuer und war auf diese Weise schon viel in der Welt herumgekommen. Es hatte dies und hatte jenes ausprobiert, war immer zu Späßen aufgelegt und neugierig bis über beide Ohren. Man nannte es das *zappelige* Eichhörnchen. Ja, es konnte nicht genug an Erfahrungen sammeln und wollte in seinem Leben noch einiges erleben.

Seine Artgenossen bewunderten seinen Tatendrang, seinen Mut, aber insbesondere seine Offenheit gegenüber der Lebensweise anderer. Doch was andere so sehr an ihm schätzten, empfand das Eichhörnchen mehr und mehr als Problem. Jeden Tag drängte es in ihm, Neues zu erleben, sich ins Getümmel der Welt zu werfen, umherzuschweifen und sich von anderen mitreißen zu lassen. Doch je älter es wurde, sehnte es sich zunehmend nach Ruhe. In seinen Augen mußte es einfach toll sein, einen Tag in aller Gemütlichkeit zu beginnen und ihn in aller Langsamkeit zu verbringen. Das, was es früher an anderen immer kritisiert hatte, begann es mehr und mehr zu bewundern: Faulheit.

Ach, das Eichhörnchen hatte schon so vieles ausprobiert: Es hatte andere befragt, wie sie es denn machten. Es hatte Bücher gelesen, den Walddoktor aufgesucht, sich immer wieder vorgenommen, ab jetzt ein ganz gelassenes Eichhörnchen zu werden und sich nicht mehr alles so zu Herzen zu nehmen ... Doch immer, wenn sich wieder ein Tag dem Ende zuneigte, mußte es feststellen, daß es sich wieder aufgerieben hatte. Es fühlte sich dann oft zerschlagen, aufgewühlt und fand nur mühsam in den Schlaf.

Jetzt wollte es einen letzten Versuch machen, es war wirklich seine letzte Hoffnung. Es hatte von dem alten, *weisen* Bären gehört. Dieser Bär lebte zurückgezogen in einem der entfernteren Wälder und mußte ein komischer Kauz sein. Andere Waldbewohner, die ihn aus früheren Tagen noch persönlich kannten, beschrieben ihn als eigen und seltsam. Bis vor einiger Zeit war er wohl noch hin und wieder auf einem der regelmäßig stattfindenden Feste der Waldbewohner gesehen worden. Doch mittlerweile ließ er sich auch dort nicht mehr blicken. Aber er lebte noch, denn ab und an bekam man ihn auf einem seiner selten gewordenen Streifzüge durch den Wald zu Gesicht.

Doch so groß das Unverständnis für diesen Zeitgenossen auch war, so nannte man ihn doch auch den *weisen* Bären. Man erzählte sich, daß er Lösungen für Probleme gefunden hatte, bei denen die Betroffenen schon lange jegliche Hoffnung aufgegeben hatten. Keiner wußte so recht, wie er das eigentlich machte. Es wurde nur erzählt, daß er komische Fragen stelle. Diesen Bären wollte das zappelige Eichhörnchen nun aufsuchen und ihn um Rat bitten.

Eines Morgens – ganz in der Frühe – machte es sich auf den Weg. Es sprang von Baum zu Baum, ganz aufgeregt war es. Man hatte ihm nur eine grobe Wegbeschreibung geben können. So mußte es mehrmals nach dem Weg fragen. Aber jeder wußte nur so ungefähr, wo der Bär sein Zuhause hatte. So lief es manchen Weg zweimal oder mußte zur letzten Abbiegung wieder zurückkehren, weil es wohl den falschen Abzweig eingeschlagen hatte. – Doch irgendwann fand es den Bären. Beinahe wäre es an ihm vorbeigelaufen, denn er lag ganz still, schlafend unter einem Baum. Furchtbar groß war er. Als sich das Eichhörnchen vorsichtig näherte, schlug er ein Auge auf und legte fragend seine Stirn in Runzeln. Selten hatte sich ein Eichhorn so nah an ihn herangewagt.

Das Eichhörnchen nahm allen Mut zusammen und trug sein Anliegen vor. Es endete damit: „... und weißt du, weiser Bär, ich habe alles versucht, ich habe jeden Ratschlag versucht zu befolgen, ich habe Bücher gelesen, ich habe meditiert, heilsame Kräuter zu mir genommen, selbst beim Analytiker bin ich gewesen ..., aber die Unruhe plagt mich weiter." Der Bär gähnte und brummelte leise, so daß man es kaum verstehen konnte, vor sich hin: „Dabei kann's so einfach sein!" Das Eichhörnchen hatte es dennoch gehört und entgegnete: „Nein, nein verehrter Herr Bär, das kann nicht einfach sein!" Und hob erneut an zu erzählen, warum es sich bei ihm um einen schier hoffnungslosen Fall handeln müsse.

Doch der Bär hörte gar nicht hin, sondern unterbrach es freundlich aber bestimmt: „Also Eichhorn, erkläre mir nun genau, was du anders haben möchtest." „Aber das erzähle ich dir doch schon die ganze Zeit: Ich will, daß meine Unruhe verschwindet." Und dabei hüpfte es aufgeregt von einer Stelle zur anderen. Der

Bär daraufhin: „Nun, ich habe gehört, was du loswerden willst, aber sag mir, was willst du statt dessen?" Das Eichhörnchen hielt inne und sah den Bären teils ärgerlich, teils fragend an. „Du bist doch der weise Bär, du mußt das doch wissen, deswegen bin ich doch hier." Der weise Bär antwortete mit seiner tiefen Stimme: „Liebes Eichhorn, ich könnte dir vielleicht beibringen, wie ich es mache, aber das wäre der Bärenweg. Möchtest du etwa nach Hause zurückkehren und eine Bärenruhe haben? Was würden die anderen sagen? – Deswegen erlaube mir, noch einmal zu fragen: Wie möchtest du sein?"

„Na halt ruhiger werden", antwortete das Eichhörnchen jetzt fast ungehalten. Darauf der Bär: „Ruhiger als was?" und lächelte verschmitzt. Das Eichhörnchen verstand nicht, daß der Bär nicht verstand. Es versuchte es erneut, nun mit einem Beispiel: „Also gestern beispielsweise, das war wieder so aufregend ...", und fuhr fort zu erzählen, was ihm zugestoßen war. Der Bär hob eine Augenbraue und unterbrach es wieder: „Eichhorn, erzähle mir nicht von deinem Leid, das kennst du, und anscheinend hat dich das Darüber-Nachdenken nicht weitergebracht. Vielleicht möchtest du einen neuen Weg ausprobieren!?" Das Eichhörnchen war jetzt vollkommen irritiert. Man hatte es ja gewarnt, der Bär stellt komische Fragen, und es hatte sich im vorhinein auch schon viele Antworten zurechtgelegt gehabt. Jedoch – so hatte es sich das nun nicht vorgestellt. Aber, was blieb ihm übrig? So nickte es mit leicht zweifelnder Miene.

Der Bär: „Nun, dann sag mir Eichhorn, wie wirst du eigentlich merken, daß dein Wunsch in Erfüllung gegangen ist?" Das Eichhörnchen sah ihn eine Weile verwirrt an, zuckte dann mit den Achseln und sagte: „Ach Bär, eigentlich weiß ich es nicht."

Der Bär daraufhin: „Gab es denn in deinem Leben noch nie eine Zeit, in der es so war, wie du es jetzt gerne hättest?" Das Eichhörnchen überlegte, man sah, es arbeitete in ihm. Zunächst schüttelte es verneinend den Kopf, doch dann ging ein Strahlen über sein Gesicht, und langsam begann es zu erzählen: Als es noch klein gewesen sei, und der Vater abends immer Geschichten erzählt habe, da habe es ganz entspannt dasitzen können und nur der Stimme des Vaters gelauscht. Der *weise* Bär hörte eine Weile zu, unterbrach es dann aber wieder ganz freundlich: „Und sag mir, *so* möchtest du sein?" Das Eichhörnchen dachte kurz nach und sagte dann aus tiefstem Herzen: „Ja."

Der Bär: „Denk noch einmal an diese Zeit zurück und sage mir, was war das Besondere an der Situation? Wie hast du gespürt, daß du ruhig warst? Wie hast du dich und alles um dich herum in dem Moment wahrgenommen? Was war anders als heute?" Das Eichhörnchen wurde ganz still, versuchte sich zu konzentrieren. Irgendwann aber sprudelte es aus ihm heraus: „Ich hab's, ich hatte nur Augen für eine Sache, und es war so schön, nicht selbst etwas tun zu müssen, damit das Leben Spaß machte; einfach nur mit offenen Augen und Ohren dasitzen und den Moment genießen."

Dabei hörte der Bär aufmerksam zu. Als das Eichhörnchen geendet hatte, sagte er: „Liebes Eichhorn, gestatte mir noch eine weitere Frage: Möchtest du eigentlich immer so sein, zu jeder Zeit?" Das Eichhörnchen: „Aber natürlich!" Der Bär guckte ein wenig skeptisch und sagte: „Überleg noch einmal, wäre es ratsam, in wirklich jeder Situation so zu sein?" Und während das Eichhörnchen nachdachte, redete er leise weiter: „Könnte es nicht sein, daß manchmal eine gewisse Unruhe durchaus angebracht ist? Und was ist mit deiner Abenteuerlust? Willst du sie wirklich ganz verlieren? Und denk daran, was die anderen an dir so schätzen. Willst du ganz und gar darauf verzichten?"

Während seiner letzten Worte schüttelte das Eichhörnchen gedankenversunken den Kopf und sagte: „Du hast recht Bär, ich glaube, meine Neugier und meine Lust, etwas zu erleben, kann ich nicht aufgeben und will es auch nicht." Der Bär: „Dann überleg genau: Wann und wo soll es so sein wie bisher?" Das Eichhörnchen versank wieder in eine tiefe Trance. Irgendwann hob es den Kopf und sagte bestimmt: „Ja, es gibt Situationen, da möchte ich so bleiben wie bisher."

Der Bär nickte und sagte: „Gestatte mir noch eine letzte Frage: Könnte irgendjemand etwas dagegen haben, wenn du zukünftig anders wärest?" Das Eichhörnchen schaute ihn verblüfft an: „Nein, wieso?" Der Bär nachdrücklich: „Ich möchte dich trotzdem bitten, eine kleine Reise in die Zukunft zu machen, und es dir in all den Lebensbereichen, in denen du es dir wünschst, einmal anzuschauen, wie es ist, wenn du ab jetzt ein ruhiges Eichhorn sein wirst. Wäre es zum Beispiel deiner Frau recht, wenn du dir ab jetzt gewisse Sachen nicht mehr so zu Herzen nehmen würdest – beispielsweise auch ihre Anliegen an dich?" Das Eichhörnchen: „Na ja, sie könnte ganz schön verdutzt sein", und kicherte dabei. Der Bär mit fester Stimme: „Eichhorn, nimm das nicht auf die leichte Schulter! Du weißt, Eichhörnchen können ziemlich irritiert sein, wenn sich einer von ihnen auf einmal ganz anders benimmt. Manchmal ist es ratsam, je nach Situation das Ziel ein wenig zu verändern, so daß das Gleichgewicht unter euch nicht aus den Fugen gerät. Überleg noch einmal!" Das Eichhörnchen konzentrierte sich. Es kam dann mit einem sehr bestimmten und klaren: „Nein, ich will es anders als bisher", aus seinen Gedanken wieder zurück. „Allerdings, mit meiner Frau hast du recht, ihre Wünsche werde ich weiterhin ernst nehmen."

Der Bär streckte sich und gähnte. Das Eichhörnchen: „Herr Bär, vielen Dank soweit. Aber sag mir, wie mache ich das in der Zukunft? Wie schaffe ich es, mich tagtäglich daran zu erinnern? Was ist, wenn mich der Alltagstrubel wieder hat, oder wenn mich wieder meine Unruhe zu erfassen droht?" Der Bär aber war mittlerweile entspannt auf die Seite gefallen und brummelte nur noch: „Das ist eigentlich ganz einfach!" Das Eichhörnchen wollte schon wieder anfangen zu protestieren, daß es bei ihm gewiß nicht so einfach sei. Doch der Bär, nur noch schlecht zu verstehen: „Eichhorn, du kennst jetzt dein Ziel, und den Weg dorthin wirst du finden – in aller Ruhe und Gelassenheit – und vielleicht sogar nächste Nacht im Traum. Aber wenn du magst, komm morgen wieder."

Das Eichhörnchen stand da, ziemlich verwirrt, aber auch glücklich. – Ja, der Bär hatte seltsame Fragen gestellt ...

Vorlesedauer:       5 Min.
Tips zum Einsatz: S. 111

## Fünfte Geschichte
### *Ein Hoch auf den Neujahrsvorsatz*

Es stimmt: Der Neujahrsvorsatz ist aus der Mode gekommen. Mehr und mehr Menschen entziehen sich dem Brauch, dem kommenden Jahr ein Motto zu geben. Wenn sie es in früheren Zeiten einmal getan haben, zucken sie jetzt nur abfällig mit den Schultern und bemerken: „So etwas tue ich nicht mehr." Als wenn es sich dabei um eine Angewohnheit aus frühen Kindertagen handeln würde, und sie einen gerade entrüstet darüber aufklärten, daß *sie* nicht mehr an den Weihnachtsmann glaubten.

Meines Erachtens tut man dem Neujahrsvorsatz damit unrecht. So gibt es beispielsweise nur zwei Gelegenheiten im Jahr, die einen zwangsläufig zurückblicken und ein Resümee ziehen lassen: das ist der eigene Geburtstag und der nahende Silvestertag mit seinem Nachfolger, dem Neujahrstag. Letztere sind im Gegensatz zum Geburtstag jedoch mit dem großen Vorteil behaftet, daß sie frei sind von Gedanken an das eigene Alter und letztlich der Begrenztheit des Lebens. Denn der Neujahrstag kommt immer wieder. Da gibt es kein Ende, nur immer noch eins drauf. Man kann einfach wieder von vorn anfangen.

Das Ende eines Jahres eröffnet die Möglichkeit, die schlechten Zeiten der vergangenen zwölf Monate ad acta zu legen. Man muß nicht selbst mühevoll einen Schlußstrich ziehen unter etwas, was ja doch keinen Sinn mehr hat. Das alte Jahr wird abgeschlossen, zuverlässig nach 365 bzw. 366 Tagen. Und man kann bei 1 wieder anfangen.

Der Neujahrstag bietet zudem jedem Vorsatz automatisch einen festen Termin. Alle Zweifel bleiben einem erspart, wenn es gilt, ein Datum zu finden. Und wer es schlau anstellt, der faßt seinen Vorsatz möglichst früh, so verbleibt ihm genügend Zeit für Strategie und Plan. Er kann ihn wiederholt durchdenken, von verschiedenen Perspektiven aus betrachten und ihn schon im Kleinen proben, ohne enttäuscht zu sein, wenn es nicht funktioniert.

Im Gegenteil, wenn es nicht klappt, kann er ihn umformulieren, in kleinere Schritte aufteilen, sich über die Konsequenzen klar werden, sich von alten Gewohnheiten langsam verabschieden oder sie mit ins neue Jahr nehmen, nur ein bißchen verändert, usw.

Bei all seinen Vorteilen: Was hat dem Neujahrsvorsatz seinen schlechten Ruf eingebracht? Die Menschen sagen: „Man hält ihn eine Weile durch, und dann macht man ja doch wieder das Alte", oder: „Ich habe mir so oft etwas vorgenommen, doch die anderen spielen da einfach nicht mit, und dann kann ich es gleich lassen."

Gut, gut, das sind Erfahrungen, die Menschen machen. Ich will sie ihnen nicht nehmen. Aber meiner Einschätzung nach sind es keine Gründe, die der Neujahrsvorsatz an sich zu vertreten hat. Nein, die Menschen wissen einfach nicht richtig mit ihm umzugehen.

Das Kreuz des Neujahrsvorsatzes ist, daß die Menschen etwas vergessen haben. Sie haben vergessen, daß sie eine Seele haben. Und im Gegensatz zum Neujahrsvorsatz ist die Seele nicht neu, sondern alt. Und wer die Seele beim Entwurf eines Neujahrsvorsatzes vergißt, der wird zwangsläufig die oben genannten Erfahrungen machen – er wird seine Seele zu *spüren* bekommen.

Seelen haben in ihrem Leben schon ganz viel erlebt und mannigfaltige Erfahrungen gesammelt. Sie werden sich nicht von heute auf morgen auf den Müll werfen lassen. Man kann ihnen auch nichts vormachen, indem man ihnen zum Ende des alten Jahres noch alle Freiheiten läßt, um klammheimlich hinter ihrem Rücken schon in Koalition mit jemand anderem zu gehen, dem man wiederum verspricht, daß *er* im kommenden Jahr der neue Machthaber sein wird. – Seelen lassen sich nicht einfach austauschen. Die gehen nicht einfach am 1. Januar in Rente, oder verabschieden sich just am 13. des ersten Monats, nur weil man meint, gerade an diesem Tag müßte etwas Neues gemacht werden. – Nein, Seelen sind nicht dumm.

Aber sie sind auch nicht störrisch, stur und beharren bedingungslos auf Altem. Nein, sie sind Neuem gegenüber durchaus aufgeschlossen, und freuen sich im Grunde über alles, was uns gut tut. Doch sie sind vorsichtig. Sie brauchen die Erfahrung, daß der neue Weg besser ist als der alte, und sie benötigen Zeit. Und diesen Wünschen kann der Neujahrsvorsatz doch vom Grunde her problemlos nachkommen, denn er heißt ja nicht Neujahrs*tag*vorsatz. Nein, beide haben die ganzen 365 Tage Zeit, Erfahrungen zu sammeln.

Eine Seele wird auch nicht – anders als wir es manchmal mit ihr tun – sagen: „Er oder ich." Versuchen wir den Neujahrsvorsatz in die Tat umzusetzen, und sie steht uns dann plötzlich und unvermutet im Wege, heißt das eigentlich nur: „Nimm einen anderen Weg, dann kann ich alte Seele besser mitgehen."

Und eine Seele weiß oftmals viel eher und viel besser Bescheid darüber, ob uns ein Neujahrsvorsatz in Schwierigkeiten bringen könnte, oder ob wir fortan auf Wesentliches im Leben verzichten müßten. Sie warnt. Wenn wir doch auf sie hören würden! Meistens reicht es aus, den Vorsatz nur ein wenig anders zu formulieren – vielleicht weniger absolut, vielleicht erst in einem kleinen Schritt, um dann auf sicheren Beinen größere Schritte tun zu können. Dann könnte sie ihr Rufen aufgeben.

Allen, die nur mitleidig auf den Neujahrsvorsatz herabblicken können, sei ans Herz gelegt: „Gebt dem Neujahrsvorsatz die Seele an die Seite, und ihr braucht nicht auf ihn zu verzichten. Im Gegenteil, ihr könnt ungeheuer viel im Leben gewinnen. Und das jedes Jahr um dieselbe Zeit."

Vorlesedauer:    13 Min.
Tips zum Einsatz: S. 112

## Sechste Geschichte

### *Der Verlust*

Musik aus zwei uralten Boxen, der dunkelbraune Tisch mit den stumpfgrauen Rändern von Tassen, die zu heiß gewesen waren, die alte Küchenuhr aus den 50ern, die großen, oben abgerundeten Fenster zur Straße hin, durch die die Morgensonne jetzt weiß und blendend fiel. Alles war so, wie ich es in Erinnerung hatte. Nur etwas fehlte: *sie*. Die Frau, mit der ich hier, an dem runden Tisch direkt vor der Theke, gesessen hatte. Es mußte jetzt zehn Jahre her sein. Doch alles schien wie eingebrannt in mein Gehirn. Nachdem ich diesen einen Abend mit ihr hier verbracht hatte, war ich nie wieder zurückgekehrt. Ich kann mich noch nicht einmal an ihren Namen erinnern. Sie hat ihn einmal genannt, damals vor ihrem Haus. In der Aufregung habe ich ihn mir nicht gemerkt.

Damals: Ich hatte nach Arbeitsschluß noch das Nötigste eingekauft: Käse, Wein und Nüsse. Das mußte reichen. Ich verließ die Kasse, trat auf den Ausgang zu und nahm wahr, was heute nun nicht hätte sein müssen: Es regnete, und ich hatte keinen Schirm dabei. Bis zu meinem Haus waren es ca. 15 Minuten Fußweg. Ich würde vollkommen durchnäßt sein. Kurzerhand beschloß ich, in das nebenan gelegene Cafe zu gehen und abzuwarten.

Mit vier großen Schritten erreichte ich den Eingang, stieß die Tür auf, trat auf die oberste der zwei nach unten führenden Stufen und blickte mich suchend im Raum um. Es roch nach Zigaretten und Kaffee. Alle Tische waren besetzt. Meine Brille beschlug. Sollte ich wieder umkehren? Doch die Musik, ein Stück, welches ich so sehr liebte, ließ mich verharren. Dann erblickte ich *sie*. Sie saß allein an einem der größeren Tische. Sie lächelte mir zu. Bilder schossen durch meinen Kopf.

Das erste Mal, als ich sie sah: früh morgens am Bahnhof, ich wartete auf den Zug in die Stadt. Von weitem war er schon zu erkennen gewesen, wie er sich durch eine letzte Kurve schlängelte, um dann auf gerader Strecke größer, lauter, mächtiger zu werden. Ich mochte dieses Bild. Erstmals hatte es nach Sommer gerochen.

Laut quietschend hielt er. Links, nicht weit von mir, wurde eine Tür geöffnet.
Pendler stiegen aus. Ich stand auf und wartete. Als letzte erschien sie, d.h. zuerst
sah ich nur einen großen Koffer. Als sie unten stand, begegneten sich für einen
kurzen Moment unsere Blicke. Was für strahlende, große Augen in einem scharf-
geschnittenen Gesicht, umrandet von bereits grauem Haar. Ich mußte einsteigen.

Tage später, eines Morgens beim Bäcker sah ich sie wieder. Sie stand als letzte in
der Schlange. Etwas an ihrer Haltung war bemerkenswert. Ich konnte nicht sagen
was. Wieder zu Hause, kam mir das Bild einer stolzen Flamencotänzerin in den
Sinn. Ich wünschte, ihre Bekanntschaft machen zu können. Innerlich verfluchte
ich dieses Leben, welches immer wieder Stoff zum Träumen bot. Träume, die dann
doch nie wahr wurden.

Der Zufall sollte mir zu Hilfe kommen. Seit geraumer Zeit war ich auf Wohnungssuche. Eines Tages erhielt ich von einer Kollegin den Tip, mich nach einem
bestimmten Häuschen zu erkundigen. Es läge am Ortsende auf der rechten Seite
der Straße, direkt vor dem großen Feld. Es sei mir gewiß schon aufgefallen, da es
so klein sei und ein wenig abseits stände. Sie hätte gehört, der Besitzer – er würde
zur Zeit noch dort wohnen – wolle es vermieten. – Ein Haus! Doch gewiß würde
ich mir die Miete nicht leisten können.

Am folgenden Tag, nach Arbeitsschluß, machte ich mich auf den Weg. Die Sonne
über mir tat ihr Bestes. Der vorbeirollende Berufsverkehr ging mir auf die Nerven.
Mein Kleid klebte am Körper, ich würde einen wundervollen Eindruck machen.
Egal, ich hatte ja sowieso keine Chance.

Zehn Minuten später erreichte ich das Ortsausgangsschild und bog mit dynami-
schem Schwung – jetzt bloß nicht mehr überlegen! – rechts in den Weg zum
Hauseingang ein. Es war wirklich ein kleines Haus, mit einem Fenster links neben
der Tür und einem niedrigen Dachgeschoß. Beherzt griff ich nach der Klingel.

Die Tür ging auf. Und da stand sie, eine Jacke über dem Arm, in der anderen Hand
Tasche und Schlüssel. Meine Gedanken fuhren Karussell. Noch ehe ich ein Wort
herausbringen konnte, sagte sie freudig lächelnd: „Hallo, wir haben uns doch
schon einmal gesehen. Und jetzt habe ich noch nicht einmal Zeit. Sagen Sie mir
schnell, was ich für Sie tun kann?" Stockend brachte ich mein Anliegen vor. Ihr
Gesicht wurde ernst. Ich hatte es gewußt, doch es war mir jetzt gleichgültig. Sie
sagte, es täte ihr leid, aber sie habe das Haus letzte Woche verkauft. Ich wußte
nichts zu sagen. Beide schwiegen wir, bis ich sie fragen hörte: „Sind Sie mit dem

Auto hier?" Ich schüttelte stumm den Kopf. „Dann kommen Sie, ich nehme Sie mit zurück in die Stadt." Sie verschloß die Tür und führte mich zur Straße. Im Wageninneren war es furchtbar heiß, trotzdem, ich war dankbar, nicht den ganzen Weg wieder laufen zu müssen.

Sie erzählte, sie müsse vor Geschäftsschluß noch schnell Blumen für den Gastgeber eines geschäftlichen Essens besorgen. Und dann hat sie gefragt, gefragt, gefragt. Ich glaube, ich habe ihr mein halbes Leben erzählt. Einen anderen Menschen hätte ich distanzlos gescholten, doch ihre Art nahm wie magisch alles Fremde von der Begegnung.

Während ihr Blick auf den Verkehr gerichtet war, hatte ich sie betrachten können. Sie war in dem Sinne nicht schön, doch ihre gesamte Erscheinung, diese ruhige, entspannte Art, sich zu bewegen, war faszinierend. Sie war eine jener Menschen, die in der Menge nicht laut reden mußten, um sich Gehör zu verschaffen, man hörte ihnen einfach zu. Sie brauchte keine schönen Kleider zu tragen, man sah sie an. Doch durch alles Beeindruckende hindurch blitzte mitunter auch Unsicherheit, nein Verletzlichkeit durch. Ich glaube, das war es, was mich letztlich für sie einnahm. – Dann stand ich wieder auf der Straße. Wie konnte man nur so sein? So ein Mensch durfte einfach nicht so „mir-nichts-dir-nichts" wieder verschwinden! – Bis Monatsende würde sie noch in der Stadt bleiben.

Ich erklärte mich selbst zum Narren, doch in den folgenden Tagen kreisten meine Gedanken immer wieder um sie. Jedem, der es hören wollte oder nicht, erzählte ich von ihr.

Das alles schwirrte durch meinen Kopf, als ich mich zu ihrem Tisch durchschlängelte. Mein Gang kam mir unbeholfen und staksig vor. Vor ihrem Tisch angekommen, machte sie eine einladende Geste und sagte: „Guten Abend, schöne Frau." Kopfschüttelnd setzte ich meine Einkaufstüte auf dem Boden ab, zog schleifend einen Stuhl unter dem Tisch hervor und murmelte etwas davon, so etwas sollte sie nicht sagen. Ich war stocksteif.

Ein lauter Geräuschpegel herrschte. Was konnte sie schon für ein Interesse an mir haben? An mir war nichts Besonderes, *ich* strahlte nichts aus.

Die letzten Takte meines Musikstücks. Linkisch lächelnd schaute ich hilfesuchend nach dem Kellner. Mit ihrer tiefen, weichen Stimme hörte ich sie in meinem Rücken sagen: „Kommen Sie, ehe Sie sich den Kopf verrenken, lassen Sie mich das machen. Zudem möchte ich Sie einladen. Sagen Sie mir, was möchten Sie trinken? Man hat hier guten Cappuccino, oder möchten Sie lieber einen Wein? Und dann erzählen Sie mir, wie es mit Ihrer Wohnungssuche aussieht." Oh Gott, das hatte ich alles nicht verdient. Ich versuchte noch, ihre Einladung abzuwehren, da erschien schon der Kellner. In meinem Kopf herrschte Bedrängnis. Er verlangte nach Wein zur Beruhigung. Aber Alkohol so früh am Abend? Cappuccino? Ich mußte eigenen Willen zeigen und verlangte Kakao, besseres fiel mir nicht ein. Kakao – ein Kindergetränk!

Ich wollte mich mit ihr nicht über Wohnungen unterhalten, deswegen fragte ich schnell: „Sie verlassen die Stadt bald wieder, nicht wahr?", hoffend, daß irgend etwas dazwischengekommen sei. Sie nickte: „Ja übermorgen, ich werde den ersten Zug nehmen und in meine geliebte, hektische Stadt zurückkehren." Ich schluckte und sagte leise: „Das ist schade." Ich nahm allen Mut zusammen und schob hinterher: „Sie sind eine so tolle Frau. Und ich hätte gerne noch erfahren, wie Sie es schaffen, so zu sein. Ich bin viel zu feige, anderen soviel Herzlichkeit entgegen-zubringen." Die letzten Worte hatte ich fast schreien müssen, da die Kellnerin hinter der Theke Stöße sauberer Tassen energisch auf der Espressomaschine stapelte.

Sie hatte den Blick auf den Tisch gerichtet und lächelte. Nach einer Weile hob sie plötzlich den Kopf, sah mich strahlend, aber auch irgendwie prüfend an, bevor sie weich sagte: „Danke." Verdammt, ich würde sie vermissen. Aber was erwar-tete ich eigentlich? Hoffte ich etwa, daß sie mir ihre Adresse geben würde?

Sie lehnte sich zurück und sagte: „Ich glaube, ich möchte Ihnen etwas erzählen. Doch zuvor bestelle ich uns einen Wein. Oder möchten Sie etwas anderes?" Ich schüttelte den Kopf, und schon während sie nach unserem Kellner Ausschau hielt, begann sie: „Es ist gut fünfzehn Jahre her. Da lernte ich einen Mann kennen, den ich in den folgenden zwei Jahren geliebt habe, wie nie einen Mann zuvor. Er war mir gewiß schon ein halbes Jahr bekannt gewesen, ehe er Einzug in meine Träume hielt. Doch seltsamerweise empfand ich keinen Zwang, ihn haben zu wollen. Daß er letztlich darauf einging, war lediglich ein großes Glück. Die folgende Zeit war nur die Fortsetzung meines Traums." Sie schob nach: „Nein, es war schöner. Ich habe Leidenschaft in einem Ausmaß kennengelernt, wie ich sie von mir selbst nicht kannte. Er sorgte sich um mich, wie es mir vollkommen unbekannt war. Ich konnte spielen, ja wir spielten unser Kennenlernen immer wieder neu, verwan-delten uns in immer wieder andere Schauspieler. Jede Trennung von ihm – wir konnten uns nur wenige Tage im Monat sehen – war grausam. Aber es, nein: *er* war es wert.

Es kam die Zeit, als er sich von mir zurückzog. Ich weiß nicht warum, weiß es bis heute nicht. Ich habe nie gefragt. Ich habe es gemerkt und mich nicht mehr gemeldet. Keine zerstörenden Worte. Es war hart. Aber ich war schon zu alt, um mich zu quälen."

Sie hatte ihr Glas in der Hand gehalten. Erst jetzt trank sie. Zögerlich fuhr sie fort: „Es *gab* einen Schmerz, der tiefer, dumpfer war und mich, meinen ganzen Körper für eine Zeitlang gelähmt hielt. Es war nicht der Umstand, einen geliebten Menschen verloren zu haben. Nein, ich hatte eine bestimmte Art, das Leben zu leben, verloren. Etwas, das er zum Blühen gebracht hatte. Verstehen Sie, ich hatte wieder Träume gehabt. Auf einmal hatten mich die Menschen um mich herum wirklich interessiert. Früher waren mir Gespräche mit ihnen oft nur Zeitvertreib gewesen waren. Ich hatte es so genossen. Es war mir als das einzig richtige Leben vorgekommen." Verächtlich schob sie hinterher: „Anscheinend brauchte ich andere Menschen, um so leben zu können." Mit Nachdruck schloß sie: „Es machte mich wütend."

Um uns herum war es still geworden. Bis auf ein Paar in der Nähe der Tür waren wir mittlerweile die einzigen Gäste. Sie wischte mit der Hand über den Tisch und sagte: „Mir war klar, daß ich in dem Leben um mich herum verhaftet war." Sie lachte: „Ja, regelrecht gefangen." Sie kniff die Augen zusammen: „Also gab es nur einen Weg: Ich mußte eine sehr genaue Vorstellung von dem bekommen, was ich mir wünschte. Diese, meine eigene Welt, mußte ich meiner Umwelt einfach", sie lachte auf, „*einfach* – entgegensetzen. In den folgenden Monaten stellte ich mir immer wieder auf's Neue vor, ich wäre ganz jemand anders, mit einer anderen Vergangenheit, an einem anderen Ort, mit einem anderen Beruf, ein Mensch, der so leben konnte, so sein konnte, wie er es sich wünschte." Sie hielt inne, draußen war es mittlerweile dunkel geworden. Ich genoß es, sie so ganz für mich zu haben. Sie sollte niemals aufhören zu reden. – Sie sollte diese Stadt nicht verlassen!

Spöttisch fuhr sie fort: „Es hat furchtbar Spaß gemacht, hatte aber einen entscheidenden Nachteil: Ich wollte das alles auch haben. Ich wurde rastlos, und meine reale Umgebung langweilte mich nun erst recht." Sie holte Luft und sagte: „Ich will es kurz machen: Ob Wunsch- oder reale Welt, ich sah eigentlich nur noch die Kluft zwischen ihnen." Sie griff wieder nach ihrem Glas und fuhr fort: „Ich habe dann radikal damit aufgehört, mir irgend etwas vorzustellen. Doch, ohne etwas dafür getan zu haben, hatte sich mittlerweile ein anderes Bild geformt, nämlich wie *ich* sein wollte. Und ich glaube, das war der Schlüssel.

Endlich ließ ich davon ab, mir irgendwelche konkreten Gegebenheiten vorzustellen, die dann doch nicht eintraten. Nein, ich begann die Person, die ich *sein* wollte, zu gestalten, mit allen Eigenschaften, die ich mir wünschte." Schmunzelnd fügte sie hinzu: „Ich warne Sie, das macht begierig, auch so zu sein. Allerdings, so begeistert ich zu Beginn gewesen war, im Alltag entglitt es mir immer wieder."

„Es hat gewiß ein Jahr gedauert, bis ich begriff. Diese meine", sie grinste, „Traumfrau war mutig. Ich dagegen war ängstlich. Ich konnte gar nicht an sie heranreichen. Und inzwischen weiß ich, daß diese Angst auch ihr Gutes hat. Wenn sie nicht wäre, würden meine Träume übermächtig. Ich versuchte, meiner Traumfrau ein wenig Angst zu geben. Ich sah und sehe die Angst in ihren Augen. Dieses Bild trage ich immer bei mir, es steht groß und strahlend vor meinem inneren Auge. Und durch es hindurch sehe ich die Welt um mich herum, wie durch eine Brille."

Sie lehnte sich zurück, ihre Augen blitzten, als sie nachschob: „Wissen Sie, im Grunde bin ich nur eine sehnsüchtige Träumerin, aber", sie hielt inne, „aber eine ängstliche. Und – ich habe meine Traumwelt wieder, auch wenn *er* weg ist." Sie hatte mir ihr Glas entgegengehalten. Noch heute habe ich den Klang in den Ohren, der entstand, als unsere Gläser sich trafen. – Nach diesem Abend habe ich sie nie mehr gesehen.

Vorlesedauer:    20 min.
Tips zum Einsatz: S. 113

## Siebte Geschichte
### *Die Zugfahrt*

Ich bin Pendlerin. Jeden Morgen steige ich, nachdem ich dreieinhalb Minuten Fußweg zurückgelegt habe, in eine S-Bahn, die mich in elf Minuten – so steht es zumindest auf dem Fahrplan – zum Hauptbahnhof einer großen Stadt befördert. Dort verbringe ich – bis auf wenige Wochen im Jahr meistens frierend – weitere elf Minuten auf Gleis 5, bis meine Regionalbahn einfährt. Mit diesem Transportmittel lasse ich mich über 30 Minuten in eine wieder andere Großstadt schaukeln, bremsen, schaukeln, bremsen, in diesem Rhythmus genau siebenmal. Dort angekommen laufe ich, in der Regel bei Rot, über die Bahnhofstraße, in der Hoffnung, noch den Bus zu erreichen. Circa 15 Minuten später werde ich dann an meiner Arbeitsstelle ausgeladen. Das Ganze kostet mich Geld, Zeit und Nerven.

Aber der Profi-Pendler findet Wege, in einem Handstreich einerseits jeglicher Mühe, jeglichem Ärgernis schlichtweg die Existenz abzusprechen und gleichzeitig – welche Eleganz des Verfahrens – einen tugendhaften und/oder kulturbeflissenen Menschen aus sich zu machen; jeder/jede auf seine/ihre Weise. Der eine rühmt die größere Enspanntheit im Vergleich zum Autofahren. Die andere rechnet sich irgendwie zurecht, daß es sowohl preiswerter als auch schneller sei. Die Staus auf den Straßen werden dabei immer länger, die Reparaturkosten steigen ins Unermeßliche. Wieder andere schwören auf die Bahn als den idealen Ort, das politische Weltgeschehen oder die moderne Literatur zu studieren.

Auch ich habe eine Kultur entwickelt: Ich träume. Bahnfahren, dieses rhythmische, von mehr oder weniger lautem Getöse begleitete Gefahren-, Geruckelt- und Gebremstwerden, die tägliche Herausforderung an das Gleichgewicht, wenn beim Bremsen vor lauter Menschen wieder einmal kein Halt an einem Griff, einer Wand, einem Gepäcknetz oder auch einer Tür – die sich natürlich just dann in Bewegung setzen muß – erreicht werden kann, das Geschrei und Geschubse der Schulkinder, diese fein sirrenden bis scheppernden Ohrstöpsel mit Kordel dran, aber und vor allem jener rauschähnliche Zustand, der entsteht, wenn man bei hoher Geschwindigkeit den Blick aus dem Fenster richtet, die Augen unscharf stellt, so daß alles nur so an einem vorbeischwirrt – das ist es. Diese Atmosphäre liebe ich, und sie verleitet mich jeden Tag von neuem, in meine Traumwelt einzutauchen.

Begonnen hatte es einmal damit, daß ich mir eines Abends auf dem Heimweg die Frage stellte, was ich in meinem Leben denn nun wirklich – ich betone: wirklich – wollte. Die Antwort habe ich mir nie geben können, und mittlerweile habe ich es aufgegeben. Das Träumen ist geblieben. Es ist eine praktische, absolut unverbindliche Angelegenheit. Manchmal baue ich Teile davon in meinen Lebensplan ein. Sollte es dann im „wirklichen" Leben nicht funktionieren, war es halt nur ein Traum.

Eines Morgens, es war mein erster Arbeitstag nach einem dreiwöchigen Urlaub, stieg ich wieder in meine Regionalbahn. Ich setzte mich auf einen Fensterplatz im ersten offenen Sechserabteil eines Waggons. Noch hatte ich das ganze Abteil für mich, was sich zweifellos nach dem ersten Bremsen ändern würde. Durch die untere Hälfte meines Fensters betrachtete ich die mittlerweile an mir vorbeiziehende Landschaft. Wie bekannt mir doch alles vorkam! Wie oft hatte ich schon diesen Baukran, diese Baumreihe dort gesehen? Dieses täglich Gleiche, auch das ist ein Schlüssel in mein Traumland.

Ich muß dann nur in mich gehen und mich fragen, was ich mir für heute am sehnlichsten wünschen würde. Und dabei ist vollkommen gleichgültig, ob dies nun realistisch oder reine Vision wäre. Sobald ich eine Idee habe, beginne ich mit dem Ausmalen der Situation, der Handlung und der Stimmung. Es reizt mich, ein bestimmtes Szenarium immer wieder neu, noch besser, noch schöner und aufregender zu gestalten. Insgeheim bin ich immer noch ein Verfechter der kindlichen Überzeugung, daß man etwas nur intensiv genug träumen muß, damit es irgendwann in Erfüllung geht.

Heute stellte ich mir vor, es wäre ein schöner, noch kühler Sommermorgen. Ich würde hier in der Regionalbahn sitzen, einen meiner Routine-Träume träumen, und ein netter, gutaussehender, mir bis dahin unbekannter Mann – der ebenfalls am Bahnhof der erstgenannten großen Stadt eingestiegen war – setzte sich in mein Abteil.

Er besetzte den mir gegenüber gelegenen Fensterplatz. Im ersten Moment ärgerte es mich, weil – so sieht es zumindest die ungeschriebene Zugsatzung vor – solange keine Not besteht, wählt man als Hinzukommender zunächst den diagonalen Platz, wegen der größeren Beinfreiheit für beide. Aber gut, zog ich meine Beine halt ein und guckte starr aus dem Fenster. Durchaus sympathisch war allerdings, daß sowohl seine Knie als auch seine Füße wußten, wo sie hingehörten, nämlich nicht an meine. Heute morgen sollte mir erspart bleiben, so zu tun, als wenn ich es nicht merken würde, und/oder zu versuchen, unmerklich noch weiter – in kleinen, bloß nicht ruckhaften Bewegungen – in meinen Sitz zu rutschen, bis ich leicht verkrampft jeden einzelnen Wirbel an die Rückenlehne gedrückt hätte, und die Atmung nur noch gepreßt möglich wäre.

Wenn ich ehrlich bin, gab es vor dem beschriebenen ersten Eindruck noch einen weiteren, eher heimlichen. Er war aus dem Einstiegsbereich um die Ecke in den Waggon gekommen, ich sah ihn und hoffte, schneller als mein Bewußtsein mitkam, daß er sich zu mir setzen würde. Er aber blieb zunächst stehen, ließ seinen Blick über die entfernteren Abteile schweifen, schwenkte ihn nach rechts, nach links und entschied sich – welch ein Geschenk! – für meins. Ich könnte ihn jetzt beschreiben: groß, sehr groß, ca. 40 Jahre alt, Brille, doch das würde gar nichts erklären. Es muß die Kombination aus seiner langsamen, ruhigen Bewegung und einem bestimmten Blick gewesen sein, die in mich fuhr. Und genauer wollte ich es gar nicht wissen. Der Zauber sollte bleiben, mein Bewußtsein sich da heraushalten. – Gewiß aber hatte er sich nicht meinetwegen in dieses Abteil gesetzt, er benutzte bestimmt auch die Strategie: Setz dich ins erste Abteil, die neu Hinzukommenden gehen erst einmal vorbei in der Hoffnung, weiter weg eine ganze Sitzbank für sich zu bekommen.

Seine plötzliche Nähe machte mich beklommen. Nun, ich schaute festen Blickes hinaus. Doch der Blick ins Fenster eröffnet einem ebenfalls die Möglichkeit, unbemerkt interessante Objekte im Inneren des Zuges zu studieren, zeigt sich ihr Spiegelbild doch in der Fensterscheibe. Also, ich schaute aus dem Fenster, träumte und guckte unweigerlich auch in das Fenster. Fast ohne hinzusehen hatte er sich gerade eine Zigarette gedreht, zündete sie mit einem dieser besonders kleinen Feuerzeuge an, reckte den Oberkörper beim ersten Zug ein wenig, verstaute Tabak und Feuerzeug wieder in der linken Jackentasche, um jetzt ebenfalls hinauszuschauen. Schnell zwang ich meinen Blick zurück in die Landschaft.

Und klammheimlich schlich sich in meinem Haupttraum – es ging um die Gestaltung meines Wunschurlaubs – ein weiterer Traum ein: dieser Mann. Nur, wie stellt man es an? „Entschuldigung, ich weiß es ist ungewöhnlich, aber hätten Sie vielleicht Lust, sich mit mir zu unterhalten?" Oder sollte ich besser »Du« sagen? Da fing es schon an. Ich beschloß, beides anzubieten. Sollte er doch wählen. Im besten Falle würde er »ja« sagen. Nur, wie ginge es dann weiter? Und wenn er ablehnen würde, dann wäre die Tür zugeschlagen. Eine Tür, mit der *ich* ins Haus gefallen war. Platsch, Bauchlandung. Und wie dann wieder elegant und in Würde aufstehen? Nein, ich müßte es schlauer anstellen.

Meine Freundin Laura hat einmal, zehn Jahre mag es her sein, gesagt: „Du brauchst immer mehrere Alternativen, handele nie nach dem ersten Gedanken. Es könnte sich dabei um die Strategie deiner Mutter handeln. Und willst du so wie deine Mutter werden?" Es ist schon seltsam, im Laufe eines Lebens bekommt man ja viele Ratschläge geschenkt, gefragt oder ungefragt. Dieses Argument aber, welches mir unter einem nagelneuen, gelben Sonnenschirm, auf den gerade wieder die ersten Regentropfen fielen, mit Lauras klarer Stimme präsentiert wurde, hatte damals mein Innerstes getroffen und hängt seitdem dort fest. Wenn ich einmal ein spontaner Mensch gewesen sein sollte, ab da nicht mehr.

Gerade wurden wir nach dem ersten Bremsen, dem erneuten automatischen Zuknallen der Türen wieder angeruckelt. Bis zu meinem Zielort waren es schätzungsweise noch 25 Minuten. Ich hatte demnach nicht viel Zeit. Zudem war potentiell damit zu rechnen, daß er schon vorher aussteigen würde.

Ich könnte ihn, nachdem ich einige Zeit vergeblich in meiner Tasche nach meinem Feuerzeug gekramt hätte – welches natürlich sehr wohl knallgelb zwischen Portemonnaie und Kamm auf dem Boden derselben lag – um Feuer bitten. Aber nein, das wäre einfach zu dumm. Oder sollte ich rein zufällig beim Übereinanderschlagen der Beine gegen sein Schienbein stoßen? So etwas passiert ja schon einmal. Ich: „Entschuldigung." Er: „Das macht doch nichts." Und dann? Gut, ich könnte ihn bitten, auf meine Tasche aufzupassen, solange ich die Toilette aufsuchte? Aber jeder halbwegs vernünftige Mensch würde sich fragen, warum ich die Tasche nicht einfach mitnähme.

Wie wohl seine Stimme klingen mochte? Ich träumte, er plane, mit mir ins Gespräch zu kommen. Wie er sich die Worte zurechtlegte, mich noch einmal prüfend ansah, sich räusperte und sagte: „Verzeihen Sie, ..." und dabei mein Herz einen Satz machen würde, in der Hoffnung, er würde mich jetzt nicht nur fragen, wieviele Stationen es bis ich weiß nicht wohin seien. Dann könnte ich ihn endlich anschauen. Aber darauf konnte ich nicht warten. Nein, ich wollte mein Abenteuer jetzt.

Nun, ich könnte einfach Blickkontakt aufnehmen. »Es ist ganz einfach«, redete ich mir zu. »Schau ihn an und schenke ihm, so er den Blick erwidern sollte, ein nettes, natürlich nur flüchtiges Lächeln.« Ich versuchte es, doch die dahinterstehende Energie verendete kläglich in meinen mittlerweile butterweichen Knien. »Doch du kannst es!« beschwor ich mich. Meine Augen jedoch weigerten sich. Ich zwang sie. Das Ergebnis hatte dann allerdings nur noch wenig mit einem verträumten Lächeln gemein, sondern ähnelte wohl eher dem Blick, den man aufsetzt, wenn man beim Augenarzt – das Kinn auf diese funktionell geformte Unterlage des Untersuchungsapparates gedrückt – aufgefordert wird, geradeaus zu schauen. Dann fragt man sich, soll man in das knapp fünf Zentimeter entfernte Auge des Arztes schauen, was eigentlich geradeaus wäre, oder verzweifelt um die erbärmlichen Reste von Distanz bemüht, eine Schraube oder Mutter des Apparates anstarren, was im weitesten Sinne auch noch geradeaus wäre. Es war verhext, dieser Mann war für meine Augen einerseits Bannmeile und zog sie gleichzeitig magisch an.

Wir hatten gerade unseren zweiten Haltepunkt erreicht. Mein Mann saß, den linken Fuß auf die Heizung gestellt, scheinbar entspannt da. Eine Frau, Studentin wahrscheinlich, setzte sich neben mich. Das machte die Lage kompliziert, wenn nicht unmöglich. Immerhin packte sie eine Zeitung aus. Dieses Zugeständnis an mich entpuppte sich allerdings als eines jener Druckerzeugnisse in dem besonders großen Format. Doch sie war zumindest bemüht, die Mammutseiten dieser Zeitung einigermaßen sozialverträglich umzuschlagen.

Mein Mann drückte soeben seine Zigarette in dem bereits überrandvollen Aschenbecher aus. Dies ist eine Kunst, will man den restlichen Müll nicht in Brand setzen. Passiert es einem doch, muß man den gequälten Blick in die Runde werfen, hilflos mit den Schultern zucken und dann die Klappe einfach zumachen, in der Hoffnung, daß es nicht zu sehr durch die noch verbleibenden Ritzen herausqualmt. Auf jeden Fall hatte man als Raucher und als Mensch versagt. Er hatte es geschafft. – Im Fenster konnte ich die Bewegungen seiner Augen beobachten. Sie fixierten etwas in der Landschaft, folgten ihm, bis es sich aus dem Blickfeld verlor, um sich an einem neuen Zielpunkt festzuhalten.

Jetzt zündete ich mir eine Zigarette an. Meinen Händen sah und merkte ich ein feines Zittern an, welches auch anhielt, als ich ihnen befahl, damit aufzuhören. Beinahe glücklich vernahm ich dann in meinem Rücken dieses: „Guten Morgen, Zugestiegene die Fahrscheine bitte!" Mit brennender Zigarette, Feuerzeug und Zigarettenschachtel jonglierend, versuchte ich meinen Ausweis aus den Untiefen meiner Tasche hervorzuholen. Gleichzeitig starrte ich mir die Augen aus dem Kopf, um den Namen auf seinem Ausweis entschlüsseln zu können. Aber die Schrift war einfach zu klein. Immerhin ein sogenannter Zeitausweis. In Gedanken sah ich mich schon zu jeder möglichen und unmöglichen Zeit in diesem Zug sitzen, nur um ihn wiederzusehen. Der Schaffner war heute besonders korrekt. Er nahm mir meinen Ausweis aus der Hand und sah ihn lange, hin- und herwendend an. Doch auch diesmal hatte man mich keines Verbrechens überführen können, und ich erhielt ihn mit einem: „Danke sehr!" zurück. Währenddessen hatte ich den Blick meines Gegenübers brennend auf mir gespürt. Ich nahm allen Mut zusammen und guckte ihn – bemüht, unbeteiligt zu wirken – flüchtig an. Er schaute tatsächlich. Meine Augen zuckten zur Seite, dabei hatte er gelächelt. Ich Idiot!

Ich phantasierte, diese Zugfahrt würde niemals enden. Niemand würde sich in unserer unmittelbaren Umgebung aufhalten. Es gäbe nur uns, das Rattern der Zugräder und die vorbeifliegende Landschaft. Ich wollte Zeit haben, es genießen können. – Warum war denn kein Mensch in der Umgebung, der seinen Walkman auf Höchststufe laufen ließ oder zwei tratschende Weiber, die lautstark über ihre Kolleginnen hetzten? Konnte denn nicht irgend etwas passieren, was uns Anlaß sein könnte, einander wissend oder kopfschüttelnd anzulächeln? Und mußte er die ganze Zeit so ruhig dasitzen!? Es machte mich wahnsinnig.

Die Zeit lief mir weg, nein sie wurde mir weggefahren. ,Jetzt! Tu irgend etwas! Sei nicht dumm!' Aber zur selben Zeit gab es noch diese andere Stimme, die mir in einem nicht enden wollenden Wortschwall jeden nur möglichen Einwand präsentierte: ... *sämtliche im Zug Sitzenden würden das Schauspiel erleben dürfen, wie ich die Abfuhr meines Lebens erhielte, er sei höchstwahrscheinlich verheiratet oder anderweitig gebunden.* Mein Blick suchte im Fenster seine Hände ab, nein einen Ring konnte ich nicht entdecken? Aber was hieß das schon? – Seine kräftigen Hände gefielen mir!

Wir hatten gerade den dritten Bahnhof erreicht. Draußen am Himmel waren Wolken aufgezogen. Meine Nachbarin verstaute hastig ihre Zeitung und stand auf. Ich räusperte mich, aber nichts kam aus meiner Kehle. Was hätte auch herauskommen sollen? Alles klang einfach zu dumm. Derweil wurde der Mann immer anziehender – und meine Zeit immer knapper.

Ich begriff es nicht, da saß mir jemand so nah gegenüber, und ich Schwachkopf war unfähig, das Einfachste vom Einfachen zu tun. So blöd konnte auch nur ich sein. Wenn es einmal darauf ankommt, bekam ich nichts zustande. Am liebsten wäre ich aufgestanden und gegangen. Aber ich konnte nicht. *Selbst dazu bist du nicht in der Lage,* schalt ich mich. *Andere wissen, wann etwas für sie einfach eine Nummer zu groß ist und ziehen dann einen klaren Schlußstrich, nur du bleibst wie ein Schaf sitzen.* Ich merkte, wie Traurigkeit mir die Kehle hochstieg. Da saß er, und ich schaffte es nicht.

Okay, *so* ging es nicht. Und wenn man die Situation einmal strategisch betrachtete? In Gedanken stellte ich mich neben mich und beobachtete das Ganze von außen. Ich sah uns beide dort sitzen. Seltsam, von hier aus wirkte es eher wie ein Spiel, ein schönes Spiel. Ich schaute ihn an. Ja, er war es wirklich wert! Es kam mir so vor, als säßen wir auf einer Bühne und studierten ein Stück ein. Spannung war zu spüren. Denn einerseits stellten die beiden lediglich zwei Zugreisende dar, doch wer genauer hinsah, bemerkte, daß sie auch noch ihr eigenes Stück spielten. Kein Wort fiel, bis jetzt jedenfalls nicht. Ich sah die unruhigen Hände der Frau, ihre angespannten Augen, die sie immer wieder wie zur Rettung dem Fenster zuwandte. Nun, die Angelegenheit schien nicht unbedingt einfach, aber auch nicht aussichtslos. Denn von hier aus wirkte auch er gespannt oder zumindest neugierig, wenn auch augenscheinlich unbeteiligt.

Fatal erschien mir jedoch, daß der Versuch der Frau, sich nichts anmerken zu lassen, sie fast arrogant wirken ließ. Eigentlich brauchte sie doch nur selbstbewußt zu sein. Gewiß, sie konnte Pech haben. Aber lag das wirklich in so hohem Maße in ihrem Einflußbereich?

*Versuch dein Glück!* riet ich ihr. Aber irgend etwas sagte mir, daß sie doch genau das die ganze Zeit probierte. Es fehlte noch etwas. Ich überlegte, und auf einmal fiel es mir wie Schuppen von den Augen, und ich schob hinterher: *Habe **dein** Glück im Sinn, nicht auch noch seins.*

Spannung fiel von mir ab. Auf der Außenseite des Fensters erschienen die ersten Regentropfen. Schnell wurden sie vom Fahrtwind in schräge Wassersträhnen verwandelt. Mit metallischem Lärm fuhr unser Zug wieder in einen Bahnhof ein. Mein Mann zog das Fenster herunter. Wie lebte es sich, wenn man so groß war, daß man dafür noch nicht einmal aufstehen mußte? Die hereinströmende frische Luft tat gut. Auf einmal mußte ich grinsen. In solchen Situationen muß ich irgendwann immer grinsen. Und ich wagte es, für Sekunden sein Gesicht anzusehen.

Was er wohl beruflich machte? Was hatte auch ihn schon so früh aus dem Bett getrieben? Mir fiel auf, daß er ohne Tasche reiste. Auf dem Boden bildeten sich an den Spitzen der Regenschirme eigenwillig wandernde Pfützen und Kanäle. Wir fuhren ächzend und quietschend wieder los. Er schob das Fenster wieder hoch.

Was würde meine Freundin Ute machen? Im Geiste setzte ich sie auf die Bühne und betrachtete die Szene. Ute machte sich keine Probleme, sie sprach ihn einfach an, egal wie. Es war ihre Lockerheit, die ich bewunderte. Weder ihre Stimme, noch ihr Blick, noch eins ihrer gesprochenen Worte verriet ihr Interesse. Dabei wußte ich es besser, ich kannte sie. Nein, es war nicht nur Leichtigkeit, es war ... Ute sprach, wie sie jeden x-beliebigen angesprochen hätte. Leiser Neid kroch in mir hoch. Ute dachte nicht nach, nie. Ich wußte, es war ungerecht, aber irgendwo gönnte ich es ihr nicht. Und schnell verbannte ich sie aus diesem Bild, behielt aber im Kopf, daß ich mir, wenn gar nichts half, vorstellen könnte, ich wäre Ute.

Mir war heiß geworden. Ich fühlte an das Metallgehäuse der Heizung. Zugheizungen funktionierten im Winter entweder kaum oder gar nicht, konnten dafür im Sommer zu Höchstleistungen auffahren. Aber sie war kalt. Ich stellte mir vor, ich hätte mich einfach getraut und – hätte Erfolg gehabt. Wie spannend war es, sich gegenüberzusitzen, vorsichtig Fragen zu stellen, genauso vorsichtig zu schauen, nie zu lange, sich nicht verraten wollen, ganz unbeteiligt zu tun, es aber beileibe nicht zu sein. Die Vorstellung bereitete mir so viel Vergnügen, daß mir das eigentliche Tun-Wollen jetzt fast unwichtig, die Möglichkeit des Tuns seltsamerweise aber immer leichter erschien. Bei diesen Gedanken überraschte ich mich, wie ich just auf seine im Schoß liegenden Hände stierte, erfreut, eine kleine, silberne Kette an seinem linken Handgelenk zu entdecken. Ich scheuchte meinen Blick zurück in den Gang. Das Bild der Kette an seinem Handgelenk aber nahm ich mit.

Wenn ich aus dieser Perspektive einmal zurückblickte, und überlegte, wie ich es letztendlich angestellt hatte, war ganz entscheidend gewesen, daß ich an meinen Erfolg geglaubt hatte. Ich war mir einfach sicher gewesen, daß ich es schaffen würde. Es gibt Zeiten, da kann ich – auch wenn meine Chancen eigentlich gleich Null sind – blind an mich glauben. Mögliche Hürden nehme ich einfach gar nicht wahr. Und letztlich ist mir egal, *wie* ich es schaffe. Nur, wie bekam ich mich jetzt in diesen Zustand? – Ich schrak zusammen, den Zug traf ein lauter Schlag. Zu meiner Linken raste ein in Gegenrichtung fahrender Zug an uns vorbei.

Ich trieb meine Gedanken weiter in die Zukunft, zu einem Zeitpunkt, von dem aus ich morgen, in einer Woche, einem Monat auf diese Begegnung, die bereits Geschichte geworden war, zurückblicken würde; Geschichte, die ich jemand anderem entweder stolz oder als lustige Anekdote erzählen konnte. Auf diese Technik war ich einmal gekommen, als ich in der Nacht vor meiner Examenslehrprobe mich vor Angst und Aufregung – zugegebenermaßen auch wegen zu hohen Alkoholgenusses, da ich der Meinung war, mich anders nicht in den Schlaf bringen zu können – erbrechend über der Spüle in der kleinen Küche meiner damaligen Studentenwohnung wiederfand. Damals war ich auf die Idee gekommen, mir einfach vorzustellen, es wäre alles schon vorbei. Ich hatte mir dann eingestehen müssen, daß egal wie das Ergebnis ausfallen würde, mein Leben trotzdem noch nicht zu Ende sei.

Auch heute verursachte mir der Rückblick auf uns beide hier im Zug nur Kopfschütteln. Sie hatte doch nichts zu verlieren gehabt. Oder würde auf ihrem

Grabstein eingemeißelt stehen: *... und damals im Zug hat sie sich furchtbar blamiert.* Was hatte sie bloß veranlaßt, ihn zu ihrem Richter zu machen? Andererseits – es war ihr ernst gewesen. Und ihre schlotternden Knie waren deshalb nur zu verständlich.

Wie mußte er mich eigentlich sehen? Meine Zappelei war wohl kaum zu übersehen. Ich möchte nicht wissen, wie oft ich in der Zwischenzeit die Beine einmal rechts und einmal links übereinandergeschlagen hatte, abwechselnd das linke Bein auf die Heizung und wieder auf den Boden gestellt hatte, die Hände gefaltet und wieder in den Schoß gelegt, die Augen unruhig durch die Gegend hatte flattern lassen. Aber wenn ich er wäre, welche Chance hätte diese mir gegenübersitzende Frau überhaupt? Und was dürfte sie auf gar keinen Fall tun? Es war nicht einfach, sich vorzustellen, ich wäre ein Mann, aber ich glaube, wenn diese Frau mich ansprechen würde, müßte es aus echtem Interesse geschehen, sie müßte selbstbewußt sein – also doch so wie Ute? – aber mir alle Freiheiten lassen, auch die Freiheit, 'nein' zu sagen. Also die verbindliche Unverbindlichkeit. Nur verdammt, wie macht man das? Ich kann doch nicht erst einen Vortrag darüber halten, wie ich das meine.

Wieder ein Bahnhof. Der nächste Halt würde meine Endstation sein, also war nicht mehr viel Zeit für Spielereien. In Gedanken schaute ich mich noch einmal, auf der Bühne sitzend, an. Der Spaß und die Neugier waren zurückgekehrt. Was könnte diese Frau – ich – tun? Und auf einmal war es sonnenklar: Warum überhaupt etwas tun? Ich meinte immer, etwas tun zu müssen. Dabei hatte *ich* doch alle Freiheiten. Gut, ich könnte alles auf eine Karte setzen und ihn ansprechen. Ach, und es wäre ganz egal, welche Worte ich benutzte. Aber ich könnte ebensogut einfach nur dasitzen und abwarten, was passierte; nur den Moment genießen.

Der Zug leerte sich. Auch die beiden Reisenden, die mir zuletzt gegenüber gesessen hatten, links eine Frau, rechts ein Mann mit einem Medienkoffer, wie ihn Dozenten mitunter benutzen, standen auf. Beide hatte ich vor lauter Träumerei bis dahin kaum wahrgenommen. Nun, ich konnte meine Beine ausstrecken und wandte den Blick wieder zum Fenster und meine Aufmerksamkeit zurück zu meinem Traum-Mann. Mittlerweile fiel es mir leicht, ihn anzusehen; wenn auch nur verstohlen und im Vorbeisehen, aber das gehörte zum Spiel. Seltsam, jetzt war es so leicht. Ich genoß es. Er schaute hinaus und – grinste! Ganz entfernt und doch sehr nah vernahm ich eine gedämpfte, aber gleichzeitig nachdrückliche Stimme. Neugierig schaute ich zum Gang und blickte geradewegs in das Gesicht des

Mannes mit dem Medienkoffer. Er war es, der sagte: „Verzeihung, aber es ist mir sehr schwergefallen, Sie nicht anzusprechen. Und wahrscheinlich wird es mir ebenso schwerfallen, nicht noch einmal, um diese Zeit mit diesem Zug zu fahren, um es doch zu versuchen."

Ich starrte ihn an, und es entfuhr mir nur: „Bitte, was?" Dabei hatte ich sehr wohl verstanden! Er aber wandte sich lächelnd zum Gang und reihte sich in die Schlange der Aussteigenden ein.

Vorlesedauer:    18 Min.
Tips zum Einsatz:  S. 114

## Achte Geschichte
### *Tag und Nacht*

Es war wieder einmal die Zeit der Ablösung gekommen. Der Zeitpunkt, zu dem sich der **Abend** bald verabschieden und die Zeit der **Nacht** beginnen würde.

Wie immer saßen sich **Abend** und **Nacht** gegenüber und plauderten noch eine Weile. Der **Abend** hatte die **Nacht** noch zu einem Glas Wein eingeladen und erzählte ihr von seinen heutigen Erlebnissen. Die **Nacht** liebte seine kleinen Geschichten. Auf eine Art war er ein sehr eitler Geselle. Dies war nicht nur an seiner eleganten, teilweise extravaganten Kleidung zu erkennen. Nein, er war zudem der festen Überzeugung, daß *er* das interessanteste Leben von ihnen allen hätte. So vergaß er beispielsweise nur zu gerne, die Botschaften des **Tages** an die **Nacht** weiterzugeben. Die **Nacht** lächelte innerlich darüber. Doch manchmal, wenn sein Redefluß wieder einmal nicht enden wollte, ihm die Augen vor Müdigkeit fast zufielen, blieb ihr nichts anderes übrig, als zu fragen: „... und der **Tag**, hat der denn heute gar nichts erlebt?" Der **Abend** setzte dann sein breitestes Grinsen auf und sagte: „Ist ja schon gut verehrte **Nacht**, also der **Tag** ...“

Der **Abend** liebte das Vergnügen. Es kam vor, daß er seinen Abschied immer weiter hinauszögerte, der **Nacht** noch ein Glas einschenkte, und es darüber immer später wurde. Irgendwann wurde es der **Nacht** dann doch zu bunt, und sie wies ihn sehr bestimmt daraufhin, daß er nun wirklich gehen müßte. Er nahm es eigentlich nie krumm. Die **Nacht** – heute von Kopf bis Fuß in dunkelrot gekleidet – sie war die Vernünftigere, Ruhigere von ihnen beiden.

Während der **Abend** erzählte, hatte die **Nacht** auf einmal das unbestimmte Gefühl, daß irgend etwas nicht in Ordnung sei. Aber was nur? Sie dachte zurück an frühere Zeiten. Waren die Erzählungen des **Abends** nicht einmal spannender gewesen? Überdies war ihr aufgefallen, daß sie in letzter Zeit immer auf ihn hatte warten müssen, bis er endlich – mit gehetzter Miene, Entschuldigungen vor sich hersagend – hereingestürmt kam. Gut, seine Gründe schienen ein jedes Mal plausibel, trotzdem ...

Wenn das so weiterginge, wo sollte sie in Zukunft nur den Stoff für ihren Mitarbeiter, den **Traum** hernehmen? Der konnte einfach unerbittlich sein: kein gutes Material – keine guten Träume – Punkt. Und am Morgen müßte sie sich dann wieder das Genörgel des **Tages** anhören.

Als der **Abend** eine Redepause einlegte, hakte sie ein und meinte zu ihm: „Sag mir lieber **Abend**, wenn ich dir so zuhöre, scheint es mir, daß du schon bessere Zeiten erlebt hast. Kann das sein?" Der **Abend** wich mit den Schultern ein Stück zurück und sah sie mit großen Augen an. Irgendwann begann er zögernd: „Man merkt es mir also an." Er drehte den Kopf zum Fenster, starrte hinaus.

Die **Nacht** saß angespannt da. Als er endlich weitersprach, hätte man meinen können, er würde jedes Wort zweimal prüfen, ehe er es aussprach. „Ach, weißt du liebe **Nacht**, der **Tag** ... ." Er hielt inne, nahm einen nicht gerade kleinen Schluck aus seinem Glas und fuhr fort: „Ja, also der **Tag** hat sich irgendwie verändert. Du weißt, ich hole ihn doch immer von seiner Arbeitsstelle ab, und auf der Heimfahrt unterhalten wir uns immer noch eine Weile. Er erzählt mir dann gerne von seinen neuesten Plänen. Er ist voller Energie, sprudelt vor Ideen.

Aber – es ist anders geworden. Jedesmal, wenn ich den **Tag** jetzt sehe, wirkt er müde und abgeschlagen. Im Moment hat er viel Arbeit, zuviel, wie mir scheint. Er sagt, er komme nicht mehr nach und sehne eigentlich nur das nächste Wochenende herbei. Sein Chef, seine Kunden, seine Mitarbeiter, Termine säßen ihm im Nacken. Letztendlich könnte er es keinem mehr recht machen. Er brauche Urlaub, Abstand, er müsse über so vieles nachdenken."

Der **Abend** seufzte: „Das geht nun schon zwei Monate so. Zu Beginn habe ich noch zu ihm gesagt: »Komm, das Grübeln hat keinen Sinn. Ich sorge dafür, daß heute ein ganz besonders schöner Abend wird.« Ich habe mir auch allergrößte Mühe gegeben. Doch bald bekam ich immer häufiger Aufträge von ihm. Sagt, dies und das müsse unbedingt noch bis morgen fertig sein. Ein-, zweimal habe ich mich auch breitschlagen lassen. Nur so geht das nicht! Meine Kolleginnen, das **Vergnügen** und die **Entspannung**, machen da nicht mit. In letzter Zeit habe ich ihnen dann zum Schluß immer noch ein wenig Zeit gegeben. Aber dann wird es immer so spät, und ich werde immer müder." Die **Nacht** starrte ihn an. Ihr Gegenüber war in sich zusammengesunken. Der sprühende Glanz seiner Augen war verschwunden.

Beide schwiegen. Die **Nacht** dachte nach. Das war also der Grund, warum sie in letzter Zeit mehr und mehr Mühe gehabt hatte, ihr Nachtwerk morgens, wenn es allmählich hell wurde, an den **Tag** zu übergeben. Wenn sie ihn weckte, drehte er sich regelmäßig von ihr weg und schimpfte vor sich hin: Er sei noch nicht ausgeschlafen, sie würde ihre Arbeit nicht mehr anständig machen, unter Erholung würde er etwas anderes verstehen, usw.

Sie schaute den **Abend** an und fragte ihn vorsichtig: „Lieber **Abend**, hast du mit dem **Tag** schon einmal darüber gesprochen?" Der **Abend** verdrehte die Augen und sagte: „Ich habe es nicht nur einmal versucht. Ich habe ihm geraten, mehr an sich denken. Er sollte einmal mit seinem Chef reden, er müsse Grenzen setzen, »Nein« sagen, er solle seine Zeit und Arbeit besser organisieren, sich nicht alles so zu Herzen nehmen, er müsse sich ein dickes Fell anschaffen, usw. Er hat sich das auch immer angehört und gemeint, er werde es beherzigen. Bei der nächsten Übergabe dann hatte ich aber doch nur wieder dieses Häufchen Elend vor mir. Er hätte seinem Chef die Meinung gesagt, geändert habe sich rein gar nichts. Das mit dem dicken Fell wäre ja gut und schön, er ginge auch immer mit den besten Vorsätzen ins Büro, aber ich könnte mir nicht vorstellen, was heute wieder passiert sei. Letztlich hat er alles verworfen, was ich ihm vorgeschlagen habe.

Vor kurzem, zwei Wochen ist es her, da habe ich noch einmal Hoffnung geschöpft. Du erinnerst dich vielleicht, er war krank geworden. Auf einmal konnte man wieder mit ihm reden. Und er hat sich dann auch vorgenommen, einiges in Zukunft anders zu machen. Aber nach kurzer Zeit ...

Zum guten Schluß habe ich ihm mit Streik gedroht. Habe ihm gesagt, ich sähe es nicht mehr ein, daß seine Arbeit in meine Zeit verlagert würde. Das sollte er mal schön selber machen. Das hatte nur den Effekt, daß er nun auch nicht mehr mit mir spricht." Der **Abend** machte eine Pause. Zögerlich kamen seine nächsten Worte: „Sag, liebe **Nacht**, könntest du nicht einmal mit ihm reden? Vielleicht hört er ja auf dich."

Die **Nacht** ging zunächst gar nicht darauf ein. Etwas interessierte sie noch. Sie sagte: „Lieber **Abend**, verrate mir eins, wo hast du in letzter Zeit deine Erzählungen hergenommen?" Der **Abend** schaute sie beschämt an und sagte ganz leise: „Ich wollte dich nicht in Mitleidenschaft ziehen ... ich hab sie, nun ja, ich habe sie einfach erfunden. Das heißt, manchmal hat mir mein Freund, das **Wochenende,** ein wenig ausgeholfen."

Die **Nacht** – betroffen – sagte in weichem Ton: „**Abend**, schau mich an. Ich danke dir – aber tu das nie wieder! Ich möchte wissen, wie es dir geht." Sie hielt inne. Das klang ja wieder furchtbar vernünftig, deswegen schob sie schnell nach: „Du mußt einiges mitgemacht haben, und ich verspreche dir, ich werde mit dem **Tag** reden! Und nun geh nach Hause, ruh dich aus und gräm dich nicht weiter!" Der **Abend** sah sie zweifelnd an, stand dann aber doch langsam auf, reichte ihr mit müder Bewegung die Hand und ging. – Die **Nacht** starrte auf die leere Weinflasche. – Ja, direkt morgen würde sie den **Tag** zur Rede stellen. Und bei *ihr* würde nicht lange herumgeredet.

Am nächsten Morgen schickte sie den **Schlaf** früher als gewöhnlich weg. Sie sprach den **Tag** freundlich an: „**Tag**, deine Zeit ist gekommen. Bitte entschuldige, daß es heute etwas früher ist, jedoch möchte ich dir kurz ein Anliegen vortragen." Der **Tag**, noch mit geschlossenen Augen und rauher Stimme: „Was soll das? Muß das unbedingt jetzt sein?" Aber sie hörte gar nicht hin, sondern berichtete ihm von ihrem Gespräch mit dem **Abend** und von seinen Problemen. Sie bat ihn, das alte Gleichgewicht wiederherzustellen. Sie wolle ihm gerne dabei behilflich sein.

Was dann kam, machte sie sprachlos. Der **Tag** geriet sofort in Wut. Ja, auf einmal war er hellwach und warf ihr in scharfem Ton vor, daß *sie* jetzt auch noch mit diesem Quatsch anfangen würde, daß sie und der **Abend** sich jetzt wohl gegen ihn verbünden würden, daß er auch ganz andere Saiten aufziehen könnte, er könnte beispielsweise die Arbeit auch hinschmeißen, wer dann denn wohl das Geld 'reinbringen würde, sie wären alle Faulenzer usw., usw. Die **Nacht** hielt es für ratsam, gar nichts dazu zu sagen und ging grußlos weg. – Gut, sollte er sehen, was er davon hätte.

Zunächst passierte gar nichts. Eine Veränderung trat erst schleichend und dann immer rasanter ein. Als erstes beugte sich der **Abend** dem Druck des **Tages** und arbeitete wieder für ihn. Er hatte es nicht mehr ausgehalten, daß der **Tag** nicht mehr mit ihm redete. Daraufhin holten sich **Vergnügen**, der **Genuß** und die **Entspannung** ihr Recht, indem sie ihre Zeit immer weiter hinausschoben. Als ihnen dies nicht mehr ausreichte, begannen sie, mehr und mehr dem Alkohol zuzusprechen. Sie konnten sich nicht damit abfinden, daß der **Abend**, ihr Arbeitgeber, so schwächlich war. Als man jetzt auch noch den **Schlaf** dazu bringen wollte, Probleme zu lösen, reagierte dieser empört mit Streik. Daraufhin gab ihm die **Nacht** Tabletten. Aus Wut darüber, was man ihrem Freund, dem **Schlaf** antat, produzierte der **Traum** eine schöne Serie an Horrorträumen. Die **Gesundheit** spielte jetzt total verrückt, dachte sich immer neue Wehwehchen aus. Auch sie versuchte man mit Medikamenten zur Räson zu bringen. Sie rächte sich mit netten, kleinen Nebenwirkungen. Daraufhin wurden **Vergnügen**, **Genuß** und **Entspannung** auf Entzug gesetzt. Diese ihrerseits verweigerten jetzt einfach die Übergabe. Die **Freude am Leben** hielt es gar nicht mehr aus, denn **Tag**, **Abend** und **Nacht** waren gleichzeitig ihr Arbeitgeber. Sie, diese wunderschöne Frau, die sonst alle in ihren Bann zog, sobald sie irgendwo erschien, sie sagte nichts mehr, tat nichts mehr, stellte sich einfach tot.

Man dachte schon, es würde immer so weitergehen. Aber irgendwann herrschte auf einmal Ruhe. Ihr aller Freund, der **Urlaub,** war gekommen. Der **Urlaub** hatte schon immer diese faszinierende Fähigkeit gehabt, in Windeseile jeden, mit dem er gerade sprach, aufzuheitern und zum Lachen zu bringen. – Nun, keiner von ihnen konnte es so richtig fassen. Sie atmeten auf und entspannten sich. Und so kam es, daß **Abend** und **Nacht**, wie in alten Zeiten, wieder einträglich zusammensaßen und plauderten.

Die **Nacht** war überglücklich, fast ausgelassen war sie. Sie hoffte inständig, daß es so bleiben würde. Aber, wenn sie ehrlich war, glaubte sie nicht daran. Deswegen, *jetzt* müßte etwas geschehen! Nicht erst, wenn alles wieder in Aufruhr war. Aber was nur? Und während der **Abend** jetzt so erzählte, wurde ihr auf einmal klar, daß ihr eine entscheidende Voraussetzung für irgendein Tun fehlte: das Verstehen; ja sie verstand den **Tag** einfach nicht. Was mochte bloß in ihm vorgehen? Sie müßte es herausbekommen. Morgen früh würde sie einen letzten Versuch machen. Sie würde den **Tag** geradewegs fragen.

Sie blickte auf und sagte mitten in die Erzählung des **Abends** hinein: „Weißt du was, ich muß einfach mit dem **Tag** noch einmal reden. Ich muß herausbekommen, warum er in letzter Zeit nicht mehr auf uns gehört hat. Ich weiß, der **Urlaub** ist da, und der duldet solche Gespräche eigentlich nicht. Trotzdem!" Der **Abend** zog die Augenbrauen hoch und knurrte: „Verehrte **Nacht**, weißt du, es ist ganz einfach: Entweder der **Tag** steht auf unserer Seite oder auf der anderen. Er will den Krieg: kann er haben." Er lehnte sich lässig zurück und sagte: „Doch tu, was du nicht lassen kannst. Aber ich warne dich, ich habe den **Tag** kennengelernt." Ja, er hatte recht, sie auch – trotzdem, sie mußte es versuchen.

Am nächsten Morgen gab sie dem **Schlaf** den Auftrag, den **Tag** ein bißchen länger als gewöhnlich in seinem Reich zu belassen. Draußen war es bereits hell geworden. Furchtbar aufgeregt war sie. Und noch während er schlief, setzte sie sich an sein Bett und begann mit leiser Stimme zu sprechen: „Lieber **Tag**, ich weiß, wir beide hatten in der letzten Zeit nicht das beste Verhältnis. Aber ich möchte das, was passiert ist, so gerne verstehen." Sie stockte, versuchte in seinem schlafenden Gesicht zu lesen, und fuhr dann fort: „Vielleicht – vielleicht magst du trotz allem, was geschehen ist, mit mir zusammen etwas ausprobieren." Sie holte tief Luft und sagte: „Ich möchte dich bitten, noch einmal an eine Zeit zurückzudenken, die für dich enormen Streß bedeutet hat, wo du in Hektik geraten bist, und alles aus dem Ruder zu geraten drohte. Was genau passierte dann? Was hast du gedacht? Was hat verhindert, daß du ganz lässig damit umgingst? Bitte, tu mir den Gefallen!" Angespannt wartete sie.

Irgendwann – nach einer Ewigkeit – schlug er die Augen auf, blickte sie mit weichen Augen an und sagte, noch kaum verständlich: „So hat mich noch niemand gefragt." Er schwieg eine Weile und fuhr dann fort: „Ich weiß es nicht, dann ist in meinem Kopf nur noch Durcheinander. Ich denke an euch, an eure Ratschläge, ich denke an die **Gesundheit**. Ich rede auf mich ein, daß ich mich zur Wehr setzen muß ... Aber dann ist da immer diese drohende Stimme, die sagt: Wenn ich das jetzt nicht mache, ist der **Erfolg** bedroht, alles wofür ich bisher gearbeitet habe wird verloren sein, und dann ...", er zögerte, „vergesse ich alle guten Vorsätze und denke mir, ich tue es ja auch für euch. Aber im nachhinein fühle ich mich nur schlecht und nehme mir wieder vor: Beim nächsten Mal ..." Er machte eine Pause, doch dann sprudelte es aus ihm heraus: „Ich weiß, ich mache euch nur Schwierigkeiten, mache euch das Leben schwer. Aber es ist nicht so, daß ich euch nicht zuhöre. Ich fühle mich nur gehetzt und getrieben. Ich hasse diese Stimme, sage ihr, sie solle den Mund halten." Die **Nacht** unterbrach ihn kurzerhand und sagte: „Vielleicht ist genau das der falsche Weg."

Irritiert schaute er sie an. Die **Nacht**: „Sag mir **Tag**, was will diese Stimme des **Erfolgs** denn eigentlich?" „Ich weiß es nicht!" sagte der **Tag** ungeduldig. „Ich weiß nicht, was das soll. Höchstens, mich zu ärgern, mir alles kaputt zu machen." Er klang trotzig und verzweifelt zugleich. Die **Nacht** überlegte. „Und wenn du *ihn* einmal fragst?!" Der **Tag** guckte sie zuerst erstaunt, dann wütend an. Er polterte: „Was? – Den soll ich auch noch fragen?" Trotzig setzte er sich auf: „Außerdem, wie soll das gehen, ihn fragen?" Schon sprach er wieder in dem Ton, wie sie ihn in der letzten Zeit von ihm hatte hören müssen. Sie mußte vorsichtiger sein. Die **Nacht**: „Na ganz einfach, genauso wie du mit mir und den anderen redest."

Das Gesicht des **Tages** wechselte zwischen Ungläubigkeit und Konzentration. Die **Nacht**: „Bitte, und wenn du es nur mir zuliebe tust." Nach langer Zeit kamen stockend seine nächsten Worte: „Das ist seltsam. Ich habe es probiert. Der war so verdutzt, als ich ihn ansprach. Auf einmal war er still." Er machte eine Pause. „Ich kann es nicht glauben. In den unmöglichsten Momenten ist seine Stimme auf einmal da und ermahnt mich, dies und jenes nicht zu vergessen. Und jetzt? Er ist still!" Der **Tag** versank wieder in Gedanken.

Auf einmal blickte er wieder auf und sagte bedächtig: „Ich glaube, ich weiß es jetzt. Der **Erfolg** möchte, daß ich alles zur Verfügung habe, um glücklich zu werden." Der **Tag** schluckte und murmelte kopfschüttelnd: „Der **Erfolg** will eigentlich nur, daß ich glücklich werde?" „Aber das wollen wir doch auch!" erwiderte die **Nacht**, sie wurde langsam müde. „Vielleicht kannst du ihm einen Vorschlag machen: Wir setzen uns alle zusammen: du, der **Abend**, das **Vergnügen**, der **Traum**, einfach alle und suchen gemeinsam nach Möglichkeiten, wie er

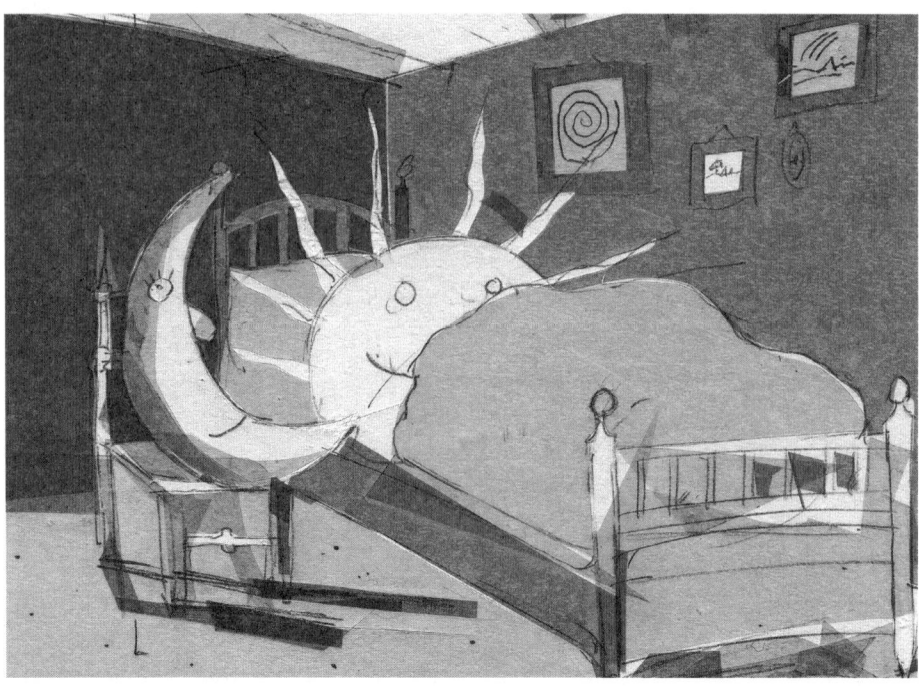

sein Ziel auf eine für uns und dich angenehmere Art und Weise verfolgen kann; mit der Versicherung, daß wir ihm seine gute Absicht nicht nehmen werden. Es gibt gewiß einen Weg, den wir gemeinsam gehen können. Es muß ihn geben!" Fast zitterte ihre Stimme. „Vielleicht weiß er einfach keine bessere Möglichkeit, als diese drohende Stimme sprechen zu lassen. Ja, ich weiß, wir werden die **Phantasie** dazu bitten. Der fällt immer etwas ein. – Fragst du den **Erfolg**, ob er dazu bereit wäre?"

Der **Tag**, er klang erschöpft: „Ich werd's versuchen." – „Und?" Die Nacht konnte die Antwort nicht abwarten. Der **Tag**: „Ich glaube, er ist einverstanden. Er hat zwar seine Zweifel, ob es funktioniert, aber ihr könntet es ja einmal probieren." Die **Nacht** stutzte bei dem Wort »ihr«. Aber na gut, es war ein Anfang, mehr als sie erwartet hatte. „Allerdings ...", der **Tag** stockte. „Was ist!?" fragte sie ungeduldig. „Er will sich ein letztes Veto-Recht einräumen." Die **Nacht**, sie konnte ein Gähnen nicht unterdrücken, sagte: „Wenn das alles ist. Es sei ihm hiermit zugesichert. Und danke ihm von mir."

Der **Tag** saß jetzt entspannt zurückgelehnt in seinen Kissen und strahlte sie an. Sie hatte Schwierigkeiten, die Tränen zurückzuhalten. Schnell stand sie auf, ordnete hastig ihre Kleidung, warf ihm noch einen kurzen Blick zu und entschwand. Sie hörte ihn noch rufen: „Glaubst du wirklich, es wird funktionieren?" – Aber – ihre Zeit war um.

Irgendwann saßen sie alle beisammen. Ein lautes Stimmengewirr herrschte. Der **Abend** saß demonstrativ gelangweilt an einem Ende des langen Tisches. Er konnte nicht verhehlen, daß *er* sich von dieser Zusammenkunft rein gar nichts versprach. Andere – z.B. der **Traum** und die **Gesundheit**, sie waren einander noch nie begegnet – unterhielten sich angeregt. Der **Schlaf** machte einen eher ängstlichen Eindruck. Zurückblickend fragte er sich, ob er sich nicht doch etwas vorzuwerfen hätte. Am anderen Ende des Tisches saß – heute in einem königsblauen Kostüm – die **Nacht**. Ihr Gesichtsausdruck war ernst. Allerdings – schaute man genauer hin – strahlten ihre Augen heute mehr denn je.

Vorlesedauer:     17 Min.
Tips zum Einsatz: S. 116

## Neunte Geschichte

### *Herr Braun und das Bauvorhaben*

Herrn Brauns sehnlichster Wunsch war ein eigenes Haus. Ein Haus, welches er mit seinen eigenen Händen erbauen wollte. Jawohl, mit seinen eigenen Händen – Stein für Stein – nach eigenem Entwurf. Er hatte ein Grundstück geerbt und bereits einen Zaun darum gezogen. Nun sollte es losgehen. Herr Braun war Lehrer und hatte vom Bauen rein gar keine Ahnung. Aber das würde ihn nicht abhalten. Wozu gab es Bücher? Und mit Büchern kannte er sich aus. Jawohl!

Doch damit ist noch nicht alles Wesentliche erwähnt. Denn Herr Braun hatte neben seinem Vorhaben auch noch zwei Persönlichkeiten. Ihre Namen: Herr *Glaube* und Herr *Unglaube*. Die beiden kannten sich nicht. Aber er kannte sie. Oh ja, er kannte sie gut! Und jetzt hatte er es satt – satt, satt, satt!

Seit einem Jahr schlug er sich nun mit den beiden und seinem Traum herum. An einem Tag hatte er es mit Herrn *Glaube* zu tun. Dieser Herr war voller Tatendrang, las Bücher und Fachzeitschriften, plante, verglich Angebote, kaufte Steine, usw. Doch am nächsten Tage tauchte unversehens Herr *Unglaube* auf. Von Natur aus Pessimist erstickte er jegliche Energie im Keim. Er wies auf die mit dem Projekt verbundenen immensen Kosten hin, zeigte auf, daß er, Herr Braun, bis auf seine Ausbildung zum Lehrer in seinem Leben noch nie etwas zu Ende geführt hatte, daß ihm einfach das notwendige Durchhaltevermögen fehle usw. Doch damit hätte Herr Braun ja noch leben können, wenn Herr *Unglaube* nicht manchmal selbst aktiv geworden wäre, indem er Materialien, die Herr Braun und Herr *Glaube* bereits angeschafft und in mühevoller Arbeit auf das Grundstück geschleppt hatten, nicht nur eigenhändig wieder weggeschafft, sondern auch noch anderen Bauherren zu einem guten Preis wieder verkauft hätte. Ja, wenn er nicht auch noch so manche Bauskizze, in der soviel nächtliche Arbeit steckte, am nächsten Tag hätte verschwinden lassen.

Herr Braun hatte mit beiden geredet. Herrn *Glaube* hatte er um Unterstützung im Umgang mit Herrn *Unglaube* gebeten. Doch der hatte sich fein herausgehalten und sich auf den Standpunkt zurückgezogen, er sei dafür da, Berge zu versetzen, mit anderen Dingen kenne er sich nicht aus. Auch Herrn *Unglaube* hatte er des öfteren zur Rede gestellt, ihm vorgehalten, er würde ihn nur torpedieren, boykottieren, schikanieren, schlicht quälen. Ihr letztes Wortgefecht hatte darin geendet, daß Herr *Unglaube* gepoltert hatte, Herr Braun sei selbst schuld, wenn er sich von ihm stören ließe. Das wäre nur wieder ein weiterer Beweis für Herrn Brauns Unfähigkeit. Und es wundere ihn überhaupt nicht, daß er auf diesen Herrn *Glaube* – den Namen hatte er fast ausgespieen – hereinfallen würde.

Herr Braun hatte einen Entschluß gefaßt. Es war zwar nicht ungefährlich, aber er mußte es wagen. Auf ihn hörten die beiden nicht, also mußte ein Dritter her. Herr Braun war entschlossen, sich eine dritte Persönlichkeit zuzulegen, die der ganzen Sache Herr würde. Das Risiko dabei war, daß er sie anschließend nicht mehr los würde. Er würde Vorkehrungen treffen müssen.

Wochen später: Herr Braun saß in seinem kleinen Arbeitszimmer und blickte aus dem Fenster. Der Frühling war eingezogen. Er hatte einen Fensterflügel geöffnet und lauschte dem Gesang der Amsel im Apfelbaum. Den heutigen Tag hatte er für eine Entscheidung ausgewählt. In den vergangenen zwei Wochen hatte er diverse Vorstellungsgespräche mit möglichen Anwärtern geführt. Auch wenn er objektiv hatte bleiben wollen, so hatte sich in seinem Kopf doch schon eine lose Rangfolge gebildet. Jedoch – heute war jemand bei ihm gewesen, der alle seine bisherigen Überlegungen schlicht über den Haufen geworfen hatte. Dieser Kandidat war hereingekommen, hatte Platz genommen und als erstes seinen Preis genannt. In der Folge hatte er Herrn Braun ein paar Fragen zur Problematik gestellt und war dann flugs dazu übergegangen, aufzuzählen, was er alles *nicht* täte: Er wäre nicht dazu da, Herrn *Unglaube* eins auszuwischen bzw. bei seiner Vernichtung mitzuwirken, er sei kein Kinderbändiger. Er würde auch einen Teufel tun und mit den beiden reden. Nein, das müsse Herr Braun schon selbst tun, es wären ja schließlich seine Persönlichkeiten. Auf Herrn Brauns Einwand hin, sie würden nicht auf ihn hören, hatte er nur gemeint: Das könne sich schnell ändern. Als Herr Braun ihn letztlich fragte, worin denn dann seine Leistung bestände, hatte er geantwortet, er würde sich zunächst ein Bild machen und dann aus dem Hintergrund arbeiten. Anschließend hatte dieser Herr seinen Terminkalender gezückt, mögliche Termine genannt und darum gebeten, ihm bis morgen mittag Bescheid zu geben. Er war dann aufgestanden, hatte nach seinem Mantel gegriffen und sich zügig verabschiedet.

War es nun schlicht Arroganz oder zeugte das Verhalten dieses Bewerbers von echter Professionalität? Es war verwirrend. Das Verrückteste jedoch war sein Name gewesen. Herr Braun hatte zweimal hingeschaut, als er die Visitenkarte in der Hand hielt. Darauf stand: Herr *Verglaube*.

Er hatte gewiß schon über eine Stunde, um eine Entscheidung ringend, an seinem Schreibtisch gesessen, als er beschloß, es davon abhängig zu machen, auf welcher Seite er am nächsten Morgen aufwachen würde. Das machte er immer so, wenn er sich zwischen mehreren Alternativen hin- und hergerissen fühlte, seien es nun Schulnoten oder die Wahl seiner Kleidung am nächsten Tag. Er entschied, sollte er auf der linken Seite aufwachen, so würde seine Wahl auf Herrn *Verglaube* fallen, würde er sich auf der rechten Seite wiederfinden, dann würde er sich für den nächstbesten Kandidaten entscheiden. Unruhig ging er zu Bett.

Ein vorbeidonnernder Lastwagen weckte ihn, und er lag – auf der linken Seite. Er beschloß, es so schnell wie möglich hinter sich zu bringen und rief Herrn *Verglaube* schon um 9.00 Uhr an. Sie vereinbarten, daß Herr *Verglaube* seine Tätigkeit kommenden Montag, 8.00 Uhr beginnen würde. Die Bezahlung sollte im voraus geschehen.

Die Tage gingen ins Land. Allmählich änderte sich das Wetter, und es war nun warm genug, um mit dem Gießen des Fundaments zu beginnen. Gestern, er hatte sich Urlaub genommen, waren er und Herr *Glaube* bis tief in die Nacht auf dem Grundstück tätig gewesen. Drei Tage arbeiteten sie unermüdlich.

Als er am vierten Tag am Frühstückstisch saß – er war früh aufgestanden, um das Tageslicht auszunutzen – und nach der Zeitung greifen wollte, ließ ihn ein heftiger Rückenschmerz wieder in den Stuhl zurückfallen. Mehr kriechend als aufrecht schleppte er sich zu Bett. Zweifel überkamen ihn, ob dieses Projekt nicht doch eine Nummer zu groß für ihn sei. Nach einer Weile des Grübelns wurde ihm klar, Herr *Unglaube* hatte wieder von ihm Besitz ergriffen. Er verfluchte Herrn *Verglaube*, der anscheinend nur leere Versprechungen gemacht hatte. Der Schmerz wurde heftiger. Er versuchte sich abzulenken und konzentrierte sich auf das Rauschen des Autoverkehrs. Auf einmal kam ihm ein Gedanke: Er hatte Herrn *Unglaube* noch nie gefragt, was er eigentlich erreichen wollte.

Bislang hatte er peinlich vermieden, Selbstgespräche zu führen. Eine Marotte, das fehlte ihm noch. Doch jetzt schien es unumgänglich. So sagte er: „Verehrter Herr *Unglaube*, ich möchte Ihnen sagen, daß mir ehrlich daran gelegen ist, ein Gespräch mit Ihnen zu führen, von Mann zu Mann. Ich kann nicht verhehlen, daß mir Ihr Gebaren mißfällt, nein, es fehlt mir sogar jegliches Verständnis dafür, doch ich bin bereit, mir Ihre Gründe anzuhören. Nur sagen Sie sie mir endlich!" Er brach ab, bevor die Wut mit ihm durchging. Es passierte nichts, doch als er schon aufgeben wollte, vernahm er die ihm sehr wohl bekannte Stimme des Herrn *Unglaube*, der stockend anhob: „Ich kann es nicht fassen. Nach all den Jahren fragen Sie mich das. Entschuldigen Sie mein anfängliches Schweigen, aber ich wußte selbst erst keine Antwort darauf. Ich tu' halt meine Arbeit. Also", er hielt inne, „ich will es kurz fassen: Ihr Leben ist voller Risiken, deswegen muß ich auf Sie aufpassen. Ja, das ist meine Aufgabe. Sie war es seit jeher, seit der Zeit, als Sie noch ein kleiner Junge waren. Vielleicht erinnern Sie sich, Sie hatten jede Menge Flausen im Kopf. Sie müssen zugeben, da gab es so manche prekäre Situation. Wissen Sie noch, wie Sie – gerade sechs Jahre alt – vom Baum des Nachbarn fielen. Jeder hatte Sie gewarnt, die Äste seien morsch, der Baum müsse gefällt werden. Doch Sie wollten nicht hören. Nun, seit der Zeit gibt es mich. Alles, was ich möchte ist, daß Sie ein vorsichtiger Mensch werden, der durchaus Erfahrungen sammelt, aber nur solche, aus denen er lernen kann."

Herr Braun war berührt. Sein Schmerz war wie weggepustet. Er setzte sich auf und sagte: „Entschuldigen Sie, aber das habe ich nie erkannt." Er überlegte. Zögerlich kamen die folgenden Worte: „Darf ich Sie etwas fragen?" Herr *Unglaube*: „Natürlich, Sie können sich nicht vorstellen, wie ich mich freue, daß Sie endlich mit mir sprechen?" „Aber Sie dürfen es mir nicht übel nehmen, versprechen Sie es?" Doch ohne die Antwort abzuwarten, sprudelte er: „Wären Sie vielleicht bereit, sich mit mir und Herrn *Glaube* – Sie wissen schon, wen ich meine – einmal zusammenzusetzen? Bitte, ehe Sie antworten, verstehen Sie meine Situation. Sie ist nicht einfach. Ich verspreche, ich werde Sie nicht über's Ohr hauen." Er brach ab. Für lange Zeit war es still, bis Herr Braun es nicht mehr aushielt und fragte. „Haben Sie Bedingungen?" Wieder Schweigen. Er wollte schon wieder aufgeben, als die Stille abrupt durch Herrn *Unglaubes* Stimme unterbrochen wurde: „Ja, ich habe eine Bedingung: Es muß ein Tag sein, an dem *nicht* gebaut wird." Herr Braun, fast prustete er: „Wenn's mehr nicht ist. – Das läßt sich machen."

Er sprang aus dem Bett. Doch mitten auf dem Weg in die Küche hielt er abrupt inne. Nein, er würde sich jetzt nicht wieder blind zu Herrn *Glaube* retten. Er sprach ihn laut an: „Herr *Glaube*, wir müssen ernst miteinander reden." Er hörte die verführerische Stimme von Herrn *Glaube* antworten: „Wieso reden? Reden hat noch keinen weitergebracht." „Doch, doch, heute muß es einmal sein!" entgegnete er. Herr *Glaube* in knappem Ton: „Okay, um was geht es? Bringen wir es schnell hinter uns, wir müssen das schöne Wetter ausnutzen." „Nein", Herr Braun straffte die Muskeln, „heute wird nicht gebaut!" Schweigen. Herr Braun schob unsicher hinterher: „Seien Sie ganz beruhigt, ich verspreche, morgen geht es weiter." Er war sich da gar nicht so sicher, doch er müßte Herrn *Glaube* überreden. „Aber, ich verstehe nicht", hörte er die enttäuschte Stimme Herrn *Glaubes* sagen. Herr Braun holte tief Luft und sagte: „Herr *Glaube*, bitte sagen Sie mir, warum müssen wir es eigentlich so eilig haben? Das alles will doch wohlüberlegt sein." Herr *Glaube* polterte: „Das hört sich ja alles wieder sehr nach Herrn *Unglaube* an. So geht das nicht weiter. Einmal müssen Sie sich entscheiden: er oder ich." Herr Braun beharrlich: „Herr *Glaube*, ich meine es ernst, aus welchem Grund treiben Sie mich so?" „Was für eine Frage, wir müssen weiterkommen, sonst geben wir Herrn *Unglaube* noch Argumente in die Hand", und fuhr fort: „Wenn es mich nicht gäbe, würden Sie dem Leben nur seinen Lauf lassen und nichts aus Ihren Fähigkeiten machen, glauben Sie mir, Sie wären diesem anderen Herrn hoffnungslos verfallen, ich kenne Sie." Wenn er ehrlich war, Herr *Glaube* könnte recht haben, jedoch ..., ach, er wußte nicht, was er glauben sollte. Er sagte: „Herr *Glaube*, ich habe einen Wunsch. Ich möchte, daß Sie und Herr *Unglaube* sich einmal kennenlernen. Glauben Sie mir, er ist gar kein schlechter Zeitgenosse. Ach, was soll ich drumherum reden. Ich wünschte mir, wir könnten die Sache ein für allemal klären." Mit dem, was dann folgte, hatte er zwar leise gerechnet, doch in seiner Heftigkeit nicht erahnt. Er konnte spüren, wie Herr *Glaube* sich zu Beginn noch zu bezähmen versuchte, doch das änderte sich schnell. Er hätte sich bislang ja immer ruhig verhalten, aber daß Herr Braun jetzt übergelaufen wäre, daß er sich von diesem destruktiven *Unglaube* über den Tisch hatte ziehen lassen ... Das wäre einfach zuviel und schlicht undankbar.

Das Muster der Tischdecke studierend hatte sich Herr Braun wie erstarrt auf einem der Küchenstühle niedergelassen. Er versuchte wegzuhören, doch seine inneren Ohren konnte er nicht schließen. In eine Redepause hinein sagte er nur flehentlich „Bitte!" Da war auf einmal Ruhe, und er hörte Herrn *Glaube* kurz angebunden fragen: „Okay, wann? Ich schlage vor jetzt, dann verbleibt noch Zeit für die Arbeit." Herr Braun erschrak, so schnell? Was hatte er da angezettelt? Doch jetzt konnte er nicht mehr zurück.

Zögerlich wandte er sich nach links – er wußte, Herr *Unglaube* bevorzugte seine linke Seite. Doch er kam gar nicht dazu, etwas zu sagen. Sofort brach das Chaos über ihm zusammen. Er hörte nur das Brüllen von Herrn *Unglaube*. Herr *Glaube* sei ein Tagträumer, der sie alle noch ins Unglück stürzen würde, wer denn hier das Geld hereinbringen würde ... Auf seiner rechten Seite erklang nur höhnisches Lachen: Ob Herr *Unglaube* es nun glauben wollte oder nicht, aber das Fundament stände ja nun schon, da gäbe es kein Zurück mehr. Herr *Unglaube* hörte gar nicht hin, sondern meinte, wenn hier einer Durchsetzungsvermögen hätte, dann doch wohl er, Herr *Glaube* würde sich noch wundern ... Herrn Braun packte das blanke Entsetzen, bis er selbst schrie: „Schluß jetzt! Ihr braucht euch ja nicht zu mögen, versteht ihr wenigstens, was der andere will?" Ruhe trat ein. Herr Braun atmete auf. In die Stille hinein sagte er: „Herr *Unglaube*, ich frage Sie jetzt geradeheraus: Haben Sie Verständnis für die Absicht von Herrn *Glaube*, unabhängig davon, wie er sie verfolgt? Hat er nun eine Daseinsberechtigung oder nicht?" Herr *Unglaube* antwortete, eine gewisse Ironie war nicht zu überhören: „Wenn er seine Ziele mit ein wenig mehr Bedacht angehen würde, könnte er sogar ein angenehmer Zeitgenosse sein." Herr Braun wandte sich nach rechts und stellte Herrn *Glaube* dieselbe Frage. Dieser erwiderte sehr direkt: „Nein, ich bleibe bei meiner Meinung, so einen wie den brauchen wir nicht, er stört!" Herr Braun wurde wütend: „Dann sagen Sie mir bitte, was wir tun sollen, wenn es ihn nicht gäbe, wenn keiner mehr den Überblick hätte?" Nach einer Weile vernahm er aus Herrn *Glaubes* Richtung nur ein betretenes: „Hm." Gleichzeitig hörte er Herrn *Unglaube* vor sich hinmurmeln: „Es ist verrückt, aber eigentlich wollen wir alle dasselbe, nämlich, daß es gut läuft. Und wenn ich es mir recht überlege, etwas mehr Risikobewußtsein stände auch mir gut zu Gesicht."

Herr Braun entspannte sich. Das hörte sich doch schon besser an. Entfernt vernahm er die Rufe spielender Kinder. Der Tag war eigentlich viel zu schön, um im Haus zu sitzen. Auf einmal hatte er die wahnwitzige Idee, am hellichten Tag im örtlichen Gasthaus in aller Gemütlichkeit ein Bier zu trinken. Sollten sie ihn doch alle gerne haben. So sagte er zu seinen beiden Persönlichkeiten: „Was haltet ihr davon? Ihr setzt euch zusammen und beginnt voneinander zu lernen, und wenn ihr einen Weg gefunden habt, wie ihr in Zukunft zusammenarbeiten könnt, ..." weiter kam er nicht, da Herr *Glaube* ihm ins Wort fiel: „Ich denke gar nicht daran, mir hier einen faulen Kompromiß aufschwatzen zu lassen. Ideen, Träume sind wichtig!" Herr Braun seufzte. Wie konnte er ihn überzeugen? Er sagte dann: „Es geht nicht darum, daß einer etwas aufgeben muß. Aber vielleicht gibt es einen Weg, Träume auf eine schlaue und überlegte Art in die Tat umzusetzen." Er hatte jetzt wirklich keine Lust mehr, deswegen sagte er mit fester Stimme: „Also, wenn ihr zu einem Ergebnis gekommen seid, ihr trefft mich im Gasthaus." Er stand auf. Kaum vernehmlich hörte er Herrn *Unglaube* nervös hüsteln: „Ich will ja nichts sagen, aber haben Sie denn keine Angst, daß wir uns gegen Sie verbünden?" Herr Braun stutzte. Er dachte kurz nach, entgegnete: „Was solltet ihr für einen Grund haben?" und verließ eilig das Haus.

Seine restlichen Urlaubstage verlebte Herr Braun ganz ruhig. Seit neuestem wachte er morgens auf und empfand eine seltsame Entspannung. Normalerweise trieb es ihn aus dem Bett. Doch jetzt genoß er es, in aller Ruhe den vor ihm liegenden Tag im Geiste durchzugehen und zu planen. Heute faßte er als erstes den Entschluß, seinen Bruder anzurufen. Dieser hatte ihm einmal erzählt, ein alter Bekannter von ihm, ehemals Statiker von Beruf, würde gegen geringes Entgelt Baupläne auf ihre Sicherheit hin überprüfen.

Gegen 10.00 Uhr klingelte das Telefon. Herr *Verglaube* meldete sich und erkundigte sich nach seinem Befinden, der Vertrag sei ja nun ausgelaufen. Herr Braun hielt überrascht den Hörer in der Hand. Daß dieser Herr es überhaupt wagte, ihn anzurufen. In den vergangenen Tagen war er zu dem Schluß gekommen, daß der Kontrakt mit diesem Herrn einfach ein großer Fehler gewesen sei, der ihn überdies einen kleinen Batzen Geld gekostet hatte. Doch, da er verdammt nochmal mit anderem beschäftigt gewesen war, hatte er es als Lehrgeld abgehakt. Herr Braun antwortete kurz angebunden, er bedanke sich für die Nachfrage, doch die Arbeit hätte er ja wohl selbst gemacht. Kurz bevor der Hörer auf die Gabel niedersauste, vernahm er noch quäkend die Worte: „Dann kann ich es ja zufrieden sein."

Vorlesedauer:    15 Mn.

Tips zum Einsatz: S. 118

## Zehnte Geschichte
..............................

### *Zera*
.......

Die kleine Meerjungfrau wurde in den späten Stunden einer kalten, aber klaren
Märznacht geboren, zu der Zeit, wenn im Osten die Sterne allmählich verblassen,
und das Leben ober- und unterhalb des Wassers zu erwachen beginnt.

Die Eltern lebten auf der dem Land zugewandten Seite eines großen Riffs, welches
einer weitläufigen Meeresbucht vorgelagert war. Beide liebten sie den Blick auf
die mit schwarzem Sand ausgekleidete Bucht. Je nach Tageszeit glitzerte der
Strand einmal jadegrün bis kobaltblau.

Sie hatten dieses Kind sehnsüchtig erwartet. Alles Glück der Welt schien ihnen in
dem Moment zugefallen zu sein, als sie das neue Meereswesen endlich in den
Armen halten konnten. Sie gaben ihm den Namen Zera. Schon jetzt sah man die
Schönheit der Mutter sich in den Gesichtszügen der kleinen Meerjungfrau wider-
spiegeln. Und in ihren großen stahlblauen Augen entdeckte man die gleiche –
wenn auch versteckte – Verletzlichkeit ihres Vaters, die zugleich gepaart war mit
unendlicher Stärke und Abenteuerlust. Ihre Mutter war eine ernste, Ehrfurcht
einflößende Frau, die nicht viel sprach. Der Vater, dieser große, kräftige Mann,
war getrieben davon, sein Glück in der Meereswelt zu machen. Jeden Morgen, in
aller Frühe verließ er das Riff. Er arbeitete hart, versuchte Ruhm und Reichtum
seiner Familie zu mehren.

Zera wuchs heran. Sie war mit einer Lebenslust und Energie ausgestattet, die ihre
Umgebung in Staunen versetzte. Manch einer wird behaupten, Zera sei lediglich
ein unbändiges Kind gewesen. Jedoch, in gleichem Maße auffallend wie faszinierend war ihre Fähigkeit, andere in ihren Bann zu ziehen. Sie konnte ihre Augen
verschenken. In Momenten sah man ein Strahlen, das einen schier sprachlos
machte.

Wenn Zera auch ihr Schatz, ihr ganzer Stolz war, so waren die Eltern doch erschrocken über ihre Lebendigkeit. Schon zu der Zeit, als Zera weder sprechen noch verstehen konnte, sagte die Mutter oft seufzend vor sich hin: „Es kann nicht sein, du kannst einfach nicht *meine* Tochter sein."

Zera liebte es, sich mit ihren Freunden im Riff zu tummeln. Doch jedesmal, wenn sie um Erlaubnis bat, verzog sich das Gesicht der Mutter. Zera las Unverständnis, Enttäuschung darin. Sie fragte Zera dann immer, was sie denn da draußen wollte, sie sollte lieber daheim bleiben, vernünftig sein und Bücher lesen. Es war so verwirrend. Zera wollte ihre Mutter nicht enttäuschen, ja sie wollte wirklich eine vernünftige Meerjungfrau sein. War spielen unvernünftig?

Ein jedes Mal spürte sie, daß ihre Mutter jegliche Achtung vor ihr verlieren müßte, wenn sie jetzt einfach hinausschwimmen und sich ihren Freunden anschließen würde. So entschied sie sich immer häufiger dafür, daheimzubleiben. Doch dann grübelte sie nur, fragte sich, ob mit ihr etwas nicht in Ordnung sei, denn ihre Sehnsucht nach draußen war unendlich groß.

Tag für Tag verlief gleich. Zera besuchte die strengste Meerjungfrauenschule weit und breit. Nach der Schule gab es für sie nichts anderes zu tun, als die vernünftigen Bücher zu lesen und nachzudenken. Sie schalt sich dafür, daß sie ihrer Mutter nicht energisch genug gegenübertrat. Doch es nagte die Angst an ihr, daß sie wirklich nur Flausen im Kopf hätte und wahrscheinlich ein hoffnungsloser Fall sei. Unruhig schwamm sie in ihrem Zimmer umher.

Mit der Zeit wurde Zera immer einsamer. Ihre Freunde waren es müde geworden, sie einzuladen, sie kam ja doch nie. Sie litt sehr darunter, doch sie wollte eine vernünftige Meerjungfrau werden. Sie mußte es ihren Eltern zum Gefallen tun, denn diese taten alles für sie.

Jahre vergingen auf diese Weise.

Irgendwann wurde Zera ernsthaft krank. Selbst ihr Vater, den sie so sehr liebte, kam jetzt früher nach Hause und sah nach ihr. Doch als keine Besserung eintreten wollte, warf er ihr eines Tages in barschem Tone vor, sie würde ihnen allen etwas vorspielen. Zera schaute nach unten, sie wußte, jetzt im Moment würde ihr Herz aufhören zu schlagen, alles würde jetzt zu Ende sein. Keiner wußte, was ihr fehlte, ihrer Mutter war sie nur eine Last, ihr Vater schalt sie eine Lügnerin – und sie war allein, allein, allein, ...

Doch ihr Herz hörte nicht auf zu schlagen. Sie nahm alle Kräfte zusammen und ging wieder zur Schule. Doch sie konnte dem Unterricht nur noch schwer folgen. Das Grübeln, welches morgens mit dem Aufwachen anfing, ließ sie nun auch dort nicht mehr los. Mittlerweile hatte sich in ihrem Kopf die furchterregende Frage festgesetzt, ob sie vielleicht verrückt sei. Es schnürte ihr die Kehle zu. Sie schaute sich ihr Spiegelbild an, suchte auch an ihrem Äußeren nach Anzeichen dafür.

Eines Abends, es war Anfang Januar, ertrug sie es nicht mehr. Sie meinte, ihr Kopf würde platzen. Wieder war sie, Stunde um Stunde, in ihrem Zimmer gekreist. Plötzlich hielt sie inne, schaute zum Ausgang: Es wäre Wahnsinn, aber es gab keinen anderen Weg mehr.

Sie verließ, ihre Eltern schliefen bereits, unbemerkt das Haus und schwamm nach Norden in Richtung offenes Meer. Sie hatte kein Ziel, es war dunkel und kalt. Eigentlich müßte sie Angst haben, doch sie fühlte, spürte gar nichts. Gewiß, was sie jetzt tat, war unrecht und man würde sie zurückholen, alles würde noch schlimmer werden. Doch es war ihr egal. Ein Schwarm kleiner glitzernder Fische begleitete sie. Ihnen schenkte sie alle Aufmerksamkeit, um nicht nachdenken zu müssen.

Doch keiner holte sie zurück. Sie fand Unterschlupf in einem Heim für Meerjungwaisen. Ihr ganzer Ehrgeiz galt der Schule. Sie dachte: Wenn ich das schaffe, dann kann ich nicht verrückt sein. Gleichzeitig stürzte sie sich ins Leben, ließ sich die Haare wachsen, schminkte sich, war ausgelassen, dachte nicht an morgen, verbot sich gleichzeitig jeden Gedanken an ihre Vergangenheit. Das Einzige, was sie noch an ihre alte Zeit, an ihre Flucht erinnerte, war der Schwarm kleiner Fische, der sie seitdem begleitet hatte.

Zera absolvierte die Schule, und es kamen schöne Zeiten. Sie lernte einen jungen Meerjungmann kennen. Ihre Liebe war stürmisch und voller Leidenschaft. Zusammen besuchten sie fremde Meerwelten. Zera dachte: Ich habe es geschafft, ich bin nicht verrückt. Ab jetzt wird alles anders.

Eines Morgens wachte sie auf und spürte es sofort. Das Grübeln war zurückgekehrt. Sie dachte: Wahrscheinlich habe ich in der letzten Zeit einfach nur Glück gehabt. Das alles bedeutet noch lange nicht, daß ich nicht verrückt bin. Ich habe es einfach nur gut verstecken können. Und wer so grübelt, der muß einfach verrückt sein. Über Tage nahm diese Welt sie wieder gefangen. Sie verließ das Haus nicht, ließ keinen herein. Irgendwann, sie wußte nicht wie, kannte den

Schlüssel nicht, fand sie wieder zurück zu ihrer alten Lebenslust. Doch, erst noch ganz im Hintergrund, spürte sie Zweifel keimen, ob nicht gerade diese Energie ein Zeichen ihrer Verrücktheit sei. Wieder verlor sie allen Schwung.

Irgendwann, Jahre waren seit ihrer Flucht vergangen, hatte es sie erneut gefangen genommen. Sie war so glücklich gewesen in den letzten Monaten. Doch seit gestern hatte es sich wieder wie ein dichter Nebel über sie gelegt. Mit teuflischer Stimme klang es ihr in den Ohren: »Du wirst es nie schaffen.«

Obwohl von Angst gelähmt, schloß sie sich zum ersten Mal nicht ein, sondern schwamm hinaus. Ihr Kopf war dumpf und voll. Nur das Glitzern der kleinen Fische blitzte mitunter durch ihre Gedanken hindurch. Heute waren sie merkwürdig unruhig, entfernten sich immer wieder von ihr. Sie hatte kein Ziel und schwamm ihnen einfach hinterher. Plötzlich überkam sie ein mulmiges Gefühl.

Ihr Schwarm schwamm geradewegs auf ihr Elternhaus zu. Sie wußte, es war jetzt unbewohnt, ihre Eltern lebten nicht mehr. Sie hielt inne. Sie hatte sich geschworen, es nie wieder zu betreten. Doch was sollte es, es war Jahre her. Langsam näherte sie sich – ihr Schwarm blieb zurück – durchquerte tastend den Eingang, schwamm auf ihr Kinderzimmer zu, blieb vorsichtig an der Tür stehen. Sie sah ihre Sachen wieder, den Kamm, mit dem sie ihr damals kurzes Haar gekämmt hatte, die vernünftigen Bücher, das Fenster, vor dem sie jeden Nachmittag, sehnsüchtig nach draußen blickend, verweilt hatte. Es nahm ihr die Luft. Sie sprach beruhigend auf sich ein. Trotzdem, es überfiel sie mit aller Wucht. In Gedanken sah sie sie wieder: ihre Mutter, ihren Vater, hörte ihre Stimmen. Sie hielt es nicht aus, flüchtete zum Ausgang. Das war es also, was sie mit in die Welt genommen hatte.

Zera blickte in die Ferne, ihre Augen flimmerten vor Aufregung. Sie sah sich in ihrem jetzigen Heim leben und konnte gar nicht fassen, was aus ihr geworden war. Die erwachsene Zera hatte geschafft, wovon sie damals geträumt hatte. Und gleichzeitig fühlte sie die Verzweiflung der Kleinen, hörte wieder die Stimme ihrer Mutter, die sich über sie lustig machte, sah ihr Gesicht, zu dem sie damals aufgeschaut hatte.

Wie betäubt schwamm sie zurück. Am Eingang ihres Hauses angekommen, drehte sie sich noch einmal um. Sie sah die kleine Zera dort in ihrem Zimmer umherschwimmen, und es brach ihr fast das Herz. Sie war einmal so lebenslustig gewesen. Gewiß, sie war kein liebes Mädchen gewesen. Doch sie hatte doch nur glücklich sein wollen. – In dieser Nacht fand sie keinen Schlaf.

Im Morgengrauen verließ sie das Haus, schwamm ziellos umher. Es war ein spätsommerlicher Tag, der die Meerwelt mit rotgoldenem Licht verzauberte. Sie schwamm solange, bis sie nicht mehr konnte und ausruhen mußte. Gestern war ihr einiges wieder in Erinnerung gekommen. Doch was nutzte ihr all das Wissen?

Als sie wieder bei Kräften war, machte sie sich auf den Weg zurück. Doch sie kam nicht weit, denn auf einmal war ihr der Blick versperrt. Ein strahlender Nebel war um sie, der so hell war, daß es blendete. Allmählich begriff sie: Ganz dicht vor ihren Augen wirbelten ihre Fische. Andere verfingen sich in ihren Haaren, zerrten ihren Kopf nach hinten. Wütend versuchte sie, sie zu verscheuchen. Doch es war, als würden es immer mehr.

Vor Helligkeit mußte sie die Augen schließen, gab auf. Ganz allmählich trieben die Fische wieder auseinander. Verwirrt schüttelte sie den Kopf. So hatten sie sich noch nie gebärdet. Sie schaute sich um. Da, wo sie gerade war, hatte sie beides im Blick: links ihr altes und rechts ihr neues Heim. Zwei Stationen ihres Lebens, zwischen denen so gar keine Verbindung bestand. Ja, die Lebenslust der erwachsenen Zera hatte sie immer weiter zu ihrem Glück getrieben. Sie hatte versucht, der Vergangenheit, der kleinen, grübelnden Zera zu entkommen, und es war ihr ja auch verdammt gut gelungen. Aber der Unterschied war immer krasser geworden, und die Vergangenheit schien nicht mehr dazuzupassen. Sie überlegte: Das ist doch lächerlich, warum flieht die Große vor der Kleinen? Das machte es ihr heute nur schwer. – Es tat so gut, aus der Entfernung zu schauen.

Nachdenklich schwamm sie nach Hause. Das Bild der kleinen Zera im Haus ihrer Eltern ließ sie nicht mehr los. Und auf halber Strecke hielt sie inne, und – obwohl es schon fast dunkel war – beschloß sie, noch einmal dorthinzuschwimmen. Fast trieb es sie dorthin.

Heute würde es anders sein als gestern. Der Eingang war schon zu erkennen, da überkam sie erneut dieses schwindelige Gefühl von gestern. Sie wurde langsamer, überlegte. Ein paar Züge weiter, und das Grübeln würde wieder von ihr Besitz ergreifen. Vorhin hatte es so einfach ausgesehen. Es fröstelte sie. Sie schlang die Arme um den Körper.

Sie blickte um sich. Etwas war anders. Ihr Schwarm war weg. Bei dieser Dunkelheit war das offene Meer schon für sie selbst gefährlich genug, für die kleinen Fische bedeutete es echte Gefahr. Ganz weit entfernt sah sie kleine Lichtpunkte. Vorsichtig schwamm sie darauf zu. Die Düsternis ängstigte sie. Und auf einmal waren sie alle wieder um sie herum. Ihr Glitzern machte es fast taghell. Sie wollte dringend nach Hause und drehte ab in Richtung ihres Heims. Doch wie tags zuvor, kam sie nicht weit. Auf einmal waren wieder viele hundert Glitzerpunkte vor ihren Augen. Ihr wurde schwindelig und Panik ergriff sie. Doch wie auf ein Zeichen lösten sie sich auf. Sie war geblendet, doch allmählich wurde ihr Blick wieder frei. Erschöpft schaute sie hinüber zu dem Ort, an dem sie vorhin zurückgeschreckt war. Bilder kreisten in ihrem Kopf. Vor Anstrengung schloß sie die Augen. Sie mußte sich konzentrieren. Und dann hatte sie plötzlich eine Idee: Von hier aus war es ganz einfach, denn – warum war sie nicht früher darauf gekommen? Wenn sie die Kleine einfach mitnähme und sie all das lehren würde, was sie in der Zwischenzeit gelernt hatte, brauchte sie keine Angst mehr vor ihr und ihrem Grübeln haben. Die Kleine würde wachsen, sie würde Erfahrungen sammeln und sich darüber verändern.

Und bei diesem Gedanken war sie auch schon unterwegs. Es trieb sie geradezu in das Haus hinein, hinüber in ihr Kinderzimmer. Sie fühlte sich merkwürdig ruhig. Mit Nachdruck murmelte sie vor sich hin: »Und diesmal nehme ich dich mit.« Sie griff nach dem Kamm auf der Kommode, sah ihn lange hin- und herwendend an. Dann hob sie abrupt den Blick Richtung Ausgang. Ihr Kopf war jetzt klar und erst zögerlich, doch im Gegensatz zu damals schwamm sie hoch erhobenen Hauptes hinaus, hielt kurz inne, schaute nach rechts zu ihrem alten Schulweg, schob die Erinnerung beiseite, und schwamm dann, den Kamm fest in ihrer linken Hand haltend, hinaus ins offene Meer.

Am nächsten Morgen – es war ein traumloser Schlaf gewesen – zog es sie noch einmal zurück zu dem Ort, an dem sie gestern hatte ausruhen müssen, ihr Zauberort. Dort angekommen, ließ sie ihren Blick wieder nachdenklich zwischen beiden Häusern hin- und herschweifen. Sie konnte gar nicht fassen, daß jetzt alles so klar erschien. Aber ja doch, so war es in Ordnung. Sie mußte über beide – die Kleine und die Große – lächeln und gab ihnen von hier aus das Versprechen, dafür zu sorgen, daß das Band zwischen ihnen nie wieder reißen würde.

Sie spürte ihr Gesicht vor Aufregung brennen. Langsam setzte sie sich in Bewegung, doch ohne es zu wollen, wurde sie immer schneller, bis sie sich nicht mehr halten konnte. Wie im Rausch schoß sie nach vorne, vollführte die tollsten Sprünge über die Wasseroberfläche hinaus, tauchte wieder hinein, nahm erneut Anlauf, um noch höher zu springen. Sie meinte, die Sonne würde heute ganz besondere, kräftige, festliche Strahlen schicken. Und das Meer hatte eine so intensive kristallene Farbe, daß es märchenhaft unwirklich war. Jeder, der sie jetzt sah, mußte sie für verrückt halten. Innerlich lachend sagte sie zu sich: »Genau, ich bin verrückt!« Freudentränen rannen über ihr Gesicht.

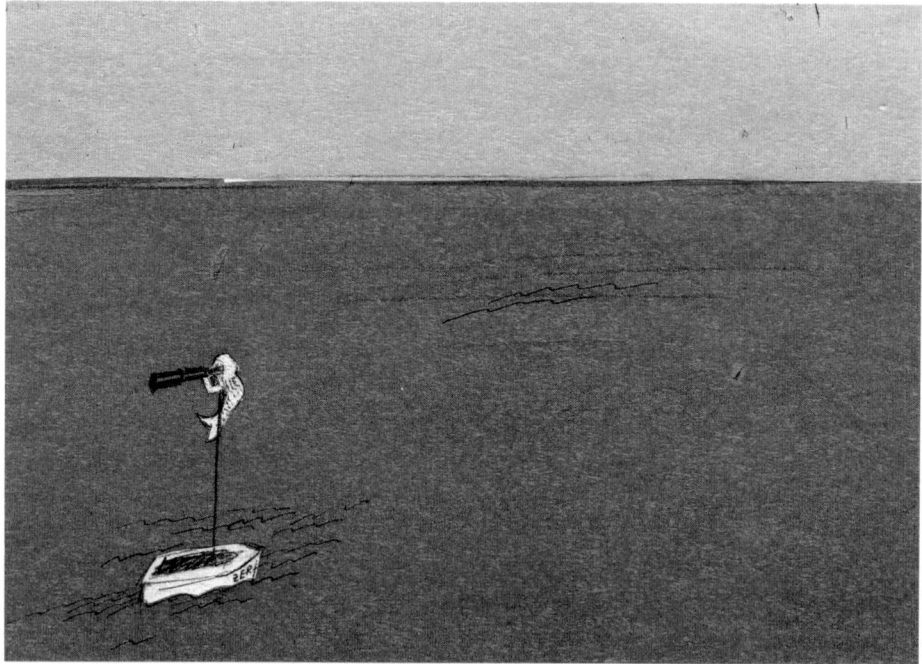

Vorlesedauer:   15 Min.
Tips zum Einsatz: S. 119

# Elfte Geschichte
## *Das magische Bild*

Die Wolke ließ sich treiben. Es war Abend geworden, ein leiser Wind wehte. Die Sonne schickte ihre letzten Strahlen – warme, orangefarbene bis feuerrote – ihr Abschiedsgeschenk an den Tag. Manchmal war der Wind der Wolke wohlgesonnen. Dann blies er sie mit aller Kraft in Richtung Sonne, so daß sie dieses Schauspiel lange genießen konnte. Heute würde er mit der schnellen Bewegung der Erde nicht mithalten können. Die Nacht würde schnell heraufziehen, die Erde unter ihr ruhig werden, die Kühle sie umgeben. Diese Stimmung verstärkte nur noch ihren Schmerz.

Ihre Freunde, die Wanderwolken, hatten sie heute morgen verlassen. Sie hätte sich ihnen anschließen können. Man hatte es ihr angeboten. – Leise, heiße Tränen rannen über ihr Gesicht. Sie würde acht Monate ohne sie auskommen müssen. Sie schaute hinauf, dort erstrahlte der erste Stern.

Drei Monate im Jahr waren sie hier, lebten hier, solange es warm war. Dann zog es sie zurück in den Süden. Unter den heimischen Wolken galten sie als vergnügungssüchtige Schmarotzer ohne Rückgrat, da sie dem Winter nicht die Stirn boten.

Sie hatte es die ganze Zeit gewußt: Der Tag des Abschieds würde kommen. Trotzdem, seit im Frühjahr die ersten Wanderwolken hier eintrafen, war ihr die Zeit mit ihnen schier ewig vorgekommen. In den letzten Tagen jedoch war ihre Kehle wie zugeschnürt gewesen. Sie war still geworden, gleichzeitig hoffend, daß niemand ihre Traurigkeit bemerkte. Man hätte sie dann mit noch größerem Recht fragen können, warum sie nicht einfach mit ihnen zöge.

Es war ein einziger Traum mit ihnen gewesen. Es war so viel langsamer als das hiesige Leben. Mit den Wanderwolken hatte sie Zeit gehabt; Zeit, unendlich viel Zeit. Zum ersten Mal in ihrem Leben hatte sie die Muße gehabt, die Färbung des

Himmelszeltes, die sich zu jeder Tages- und Nachtzeit anders ausnahm, genau zu betrachten. Noch nie hatte sie den Gesang der Vögel so bewußt wahrgenommen. – Alle hatten Zeit. Und – es war alles liebevoller, weicher gewesen.

Wie sie das, was jetzt wieder auf sie zukam, alles haßte, diese Hektik, diesen ewigen Kampf um den höchsten Platz, einen Platz, der der Sonne am nächsten war. Dort, wo es ruhig, und man vor dem Regen der anderen geschützt war. Die ewigen Bestechungsversuche an den Wind. Wer das schlau anstellte, hatte seinen Platz sicher und mußte nicht fortwährend Angst haben, von seinen Stürmen zerrissen zu werden. Aber selbst, wenn sie es geschafft hatten, ganz oben waren, konnten sie mit ihrem Machtspiel nicht aufhören.

Sie stellte sich dem Wind leicht entgegen und trieb höher. In den letzten Jahren hatte sie es sich jedesmal fest vorgenommen und hatte es doch irgendwann wieder vergessen, vergessen, was das Leben eigentlich ausmachte. Sie hatte dieses grausame Spiel wieder mitgespielt, als wenn es etwas anderes nie gegeben hätte. Diesmal mußte es anders sein. Sie würde sich nicht wieder hineinziehen lassen. – Sie schaute um sich in den dunklen Himmel, hinunter auf die schimmernde Welt und wartete sehnsüchtig auf den Schlaf.

Die aufgehende Sonne weckte sie. Der Herbst kündigte sich an. Schon jetzt spürte man die aufkeimende Unruhe des Windes, und spätestens morgen würde er sie, die Wolken wieder zusammentreiben. Arbeit würde auf sie alle zukommen. Still vor sich hin träumend verbrachte sie den Tag, nur eins schwor sie sich: Jeden Morgen, noch bevor der Trubel begann, würde sie an die Tage mit ihren Wanderwolken zurückdenken, sie würde sich noch einmal das Kostbare dieser Zeit in Erinnerung rufen, um so durch den Tag zu gleiten.

Am nächsten Tag, wieder unter ihresgleichen, spielte sie das Wiedersehensritual nur unwillig mit. Alle waren guter Dinge, lachten und erzählten von ihren Erlebnissen der vergangenen Wochen. Doch schon jetzt schlichen sich wieder Hast und Eile ein. Keiner hörte dem anderen richtig zu.

Die nächsten Wochen verlebte sie wie in Trance. Es war, als wenn sie eine dichte Hülle um sich hätte, an der alles, was nicht in ihre Welt paßte, abperlte.

Die Nächte waren kristallklar geworden. Sie mochte diese Zeit. Dann war sie allein, allein mit ihren Sternen. Sie hatte es bis jetzt beherzigt. Jeden Morgen dachte sie an die Zeit mit ihren Wanderwolken. Allerdings spürte sie – sie wollte es nicht wahrhaben – daß sie die Bilder zwar immer noch leicht heranholen konnte, sie aber zunehmend ihre Wirkung verloren hatten. Das Gefühl, das sie über den Tag retten wollte, stellte sich kaum mehr ein. Auch ihr war mittlerweile wieder wichtig geworden, im alltäglichen Gerangel um Position und Stellung mithalten zu können. Sie haßte sich dafür.

Sie schaute hinüber zum Mond. Heute war er besonders groß, leuchtete orangerot. Seit jeher bewunderte sie ihn, freute sich ein jedes Mal, wenn er nach Zeiten seiner Finsternis, zunächst noch als dünne Sichel, wieder auftauchte. Er schien in sich zu ruhen. In ihr zog und zerrte es. Er wußte gewiß, wie man es anstellte. Innerlich flehte sie ihn an: »Mond, sag du mir, wie es geht. Wie schaffe ich es, mich von dieser Welt zu lösen. Bitte!« Sie wartete, doch nichts geschah.

Wie immer, wenn sie nicht einschlafen konnte, machte sie sich leichter und versuchte, den Sternen nahezukommen, in ihre funkelnde Welt einzutauchen, vergessen zu können. Je höher sie glitt, desto unheimlicher wurde die Stille. Zu ihrem Erstaunen schienen die Sterne zu schrumpfen. Im gleichen Zug jedoch nahmen sie Gestalt an, und eine Pracht glitzernder Farben breitete sich vor ihr aus. Es war überwältigend.

Ganz entfernt meinte sie ein Glockenspiel zu hören. Im nächsten Moment hatte es eher den Charakter eines unheimlichen Stimmengewirrs. Von alldem betört, schrak sie zusammen, als plötzlich ein furchtbarer Donner anhob. Er war um sie herum, er war über und unter ihr, und dann ein Brüllen : „Wolke, bleibe fern!" Es war die Stimme von Palux, einem Stern mit türkisblauen Strahlen. Sein Äußeres schien aus tausenden verschiedenfarbiger, gläserner Steine zu bestehen, die sich bei der kleinsten Bewegung wie ein Kaleidoskop neu zusammensetzten. Er flehte jetzt mehr, denn er drohte: „Dies ist unsere Welt. Die Bannmeile darfst du nicht übertreten." Sie wich zurück und sagte mit kläglicher Stimme: „Aber ich wollte doch nur in eurer Nähe sein. In meiner Welt da unten bin ich unglücklich." „Bleibe dort, wo du gerade bist, aber komm nicht näher", sagte er, jetzt in ruhigem Ton. Sie bedankte sich.

„Was könnte dich dort glücklicher machen?" hallten seine Worte. Eigentlich wollte sie in dieser Welt gar nicht glücklich werden, deswegen antwortete sie: „Ich weiß nicht. Ich will mit dieser Welt nichts mehr zu tun haben. Es ist nur hektisch dort, rauh und lieblos. Ich möchte so gerne ein ruhiges Leben führen. Mit den

Wanderwolken kann ich es. Aber alleine halte ich es nicht durch." Sie hielt inne. Zu oft hatte sie diese Gedanken gedacht.

Der Stern, dessen Oberfläche sich so schnell veränderte, daß es wie von Funken begleitet schien, sagte weich: „Erzähle mir mehr von dem Leben, das du dir wünschst." Die Wolke: „Da ist kein Gerangel, nicht dieser Kampf um den besten Platz, ..." Palux fiel ihr ins Wort: „Beschreibe mir, wie es sein soll, allein das ist wichtig." Sie überlegte und sagte zögernd: „Ich glaube – du magst es vermessen finden – ich möchte das Leben genießen können."

Sie hatte große Mühe, an einer Stelle zu bleiben. Wie von Zauberhand drückte es sie immer wieder zurück. Palux: „Du willst das Leben genießen, welche Vorstellung verbindest du damit?" Sie dachte angestrengt nach. Wie sollte sie es erklären? Zögerlich kamen ihre nächsten Worte: „Ich sehe mich mit einem Leben, das gemächlich langsam geht. Es ist hell, und eine große Klarheit herrscht dort. Aber jetzt ist dieses Leben so weit weg."

Palux: „Sag, könnte es dich vielleicht in Schwierigkeiten bringen, wenn du vornehmlich nach Genuß im Leben trachtest?" Diese Frage hatte sie sich selbst schon oft gestellt. Sie sagte: „Gewiß, sie könnten mich verachten, genauso wie sie es mit den Wanderwolken machen. Aber es ist mir gleich! Sollen sie es ruhig tun!" Palux vorsichtig: „Möchtest du denn gar keine Anerkennung mehr bekommen?" Sie antwortete hart: „Was soll diese Frage? Natürlich will ich Anerkennung, aber nicht für so ein Leben." Sie konnte es einfach nicht erklären und schob heftig hinterher: „Es ist verrückt, ich mache dieses tägliche Machtspiel immer wieder mit, obwohl ich es nicht will", sie brach ab, es war sinnlos, wahrscheinlich war *sie* verrückt. Palux: „Es scheint dir ernst zu sein. Dann laß uns sehen."

Der Stern neigte sich leicht vor und fragte: „Wenn du dir Anerkennung wünschst, wovon genau träumst du dann? Und was mag dieser Vorstellung eine solche Macht verleihen?" Sie verstand nicht, ungeduldig entgegnete sie: „Was fragst du mich fortwährend nach meinen Vorstellungen? Was soll das? Ich will Liebe, wie jeder andere auch."

Sie schaute hinüber zu den anderen Sternen. Neid überkam sie. Sie brauchten sich um niemand zu scheren.

Palux behutsam: „Ich will es dir erklären. Was auch immer wir uns wünschen, es ist verbunden mit einer bestimmten Vorstellung davon, wie dieser Wunsch in

Erfüllung gehen soll. Diese Bilder sind uns nicht immer bewußt, sie sind manchmal sehr diffus, aber sie sind sehr mächtig. Es sind unsere Leitbilder im Leben.
Nun sind uns aber nicht alle Wünsche gleich wichtig. Und dementsprechend geht
von den Bildern auch unterschiedliche Magie aus. Selbst wenn wir uns noch so
sehr wünschen, daß etwas anderes wichtiger werden soll, wenn von einem
anderen Bild ein größerer Zauber ausgeht, wird es nicht gelingen. Deswegen, laß
uns die Art der Magie herausfinden."

Er riß sie aus Gedanken, als er sagte: „Und? Möchtest du es noch einmal versuchen?" Sie zögerte und sagte zweifelnd. „Aber wenn es doch Magie ist, dagegen
kommt man doch nicht an!" Der Stern entgegnete mit ruhiger Stimme: „Du hast
recht, *gegen* sie kommt man nicht an, doch wenn man ihr Wesen begreift, läßt sie
sich ändern." Das klang alles zu einfach, doch was blieb ihr übrig? Mit schlapper
Stimme antwortete sie: „Genaues erkennen kann ich nicht, nur daß es sehr düster
ist und furchtbar nahe." Sie überlegte: Der Stern hatte recht, auch sie brauchte
Anerkennung. Aber nicht mehr für den Preis, daß sie auch das Leben der anderen
führen mußte.

Obwohl es um sie herum so kalt war, entspannte sie sich, etwas hatte Klarheit
angenommen und – hatte gleichzeitig den Geschmack von Abschied.

Palux: „Sage mir, gibt es irgend etwas, das dir noch wichtiger ist, als Bestätigung
zu erhalten?" Palux funkelte mehr denn je. Sie wandte die Augen ab, versuchte
sich zu konzentrieren. Was sollte sie sonst noch im Leben wollen? Müde antwortete sie: „Mir fallen eigentlich nur Situationen ein, in denen ich in Gefahr war.
Wenn z.B. der Wind so stark wird, daß es mich fast verweht, dann kümmere ich
mich einzig und allein um mich." Palux: „Was ist der Vorteil dabei, daß dir dann
alles andere gleichgültig wird?" Abrupt hielt sie inne. Die Frage konnte er nicht
ernst meinen. Palux ganz leise: „Nun, man kann ja mal fragen. Und verzeih mir
jetzt schon meine nächste Frage: Welche Vorstellung treibt dich, dann nur noch
an dich zu denken?" Sie strengte sich an, aber wenn sie zurückdachte, war da nur
ein Gefühl der Panik gewesen. „Es gibt kein Bild. Doch warte", sie stockte, „das
Bild ist in mir, tief in mir. Einzelheiten kann ich nicht mehr erkennen, nur noch
dunkle Schatten."

Palux: „Könnte es sein, daß je mehr dir etwas am Herzen liegt, die Vorstellung
davon um so näher und zum Schluß ein Teil von dir ist? Prüfe es nach." Es war

so schwer. Nach langer Zeit sagte sie kaum hörbar: „Ich merke nur, daß ich nichts anderes mehr sehen kann. Da ist einfach kein Platz mehr für andere Gedanken."

Palux: „Wolke, jetzt kennst du den Zauber. Und damit weißt du auch, was du tun könntest. Hol eine Vorstellung, die in deinem Leben wichtiger sein soll, einfach näher heran. Doch", seine Stimme wurde ernst, „dabei gilt es, etwas Wesentliches zu beachten: Du mußt es von ganzem Herzen wollen, sonst wird es nicht von Dauer sein. Deshalb noch einmal die Frage: Bist du dir ganz sicher?" Seufzend antwortete sie: „Wie oft soll ich es noch sagen? Ja!"

Er wich ein wenig zurück und Ironie lag in seiner Stimme, als er sagte: „Schon gut, wie konnte ich es nur vergessen? Doch jetzt überlege genau: Wie nah soll der Wunsch nach einem ruhigen Leben, mit viel Zeit und Genuß sein? Und welcher Zauber soll von der Anerkennung ausgehen, in welcher Entfernung soll sie stehen?" Sie war unendlich müde, die Kälte war bis in ihr Innerstes vorgedrungen. Wie sollte das alles gehen?

Palux sah ihre Anstrengung und sagte sanft: „Wolke, probiere es einfach aus. Erlaube deinem Traum von einem Leben mit Genuß, einfach langsam näher zu kommen. Er wird seinen Platz schon finden. Dein Gefühl wird dich leiten." Doch sie war ganz weit weg. Den Platz für diesen Traum hatte sie längst gefunden. Er stand jetzt groß und strahlend vor ihr. Sie hätte vor Freude weinen können. Nur – die Anerkennung? Wo sollte die darin noch Platz finden?

Palux redete leise weiter. „Ganz zum Schluß prüfe noch einmal genau, ob wirklich alles stimmt. Vielleicht müssen Teile der Bilder besonders wichtig sein, dann rücke sie näher, andere wiederum in den Hintergrund." Nach langer, langer Zeit sah die Wolke wieder auf und nickte. Sie war langsam geworden auf ihrer Laufbahn.

Palux: „Noch ein Letztes: Denke einmal an Morgen. Stelle dir vor, du würdest mit dieser neuen Sicht der Dinge durch den Tag ziehen. Wäre das in Ordnung?" Sie überlegte kurz und sagte dann mehr zu sich selbst: „Ja, ganz und gar. Meinen Traum von Ruhe und Genuß habe ich greifbar nahe vor Augen, und der Wunsch nach Anerkennung steht wie ein Fenster durchsichtig davor. Beides wird gleichzeitig da sein, und das ist gut so."

Plötzlich fühlte sie den Druck von vorne größer werden, und dann stieß es sie mit großer Geschwindigkeit zurück, fast zerfetzte es sie. Sie rief noch: „Danke!" Sie hatte ihm doch noch sagen wollen, wie schön er war.

Das Geräusch eines fahrenden Zuges weckte sie. Sie spürte die Feuchtigkeit der Luft. Bald würde es Frühling werden. Sie genoß es. Ganz steil am Himmel war noch die blasse Scheibe des Mondes zu erkennen. Sie lugte hinüber zum Kirchturm, schwebte auf ihn zu und gesellte sich zu ihm, als einzige Wolke weit und breit unter blauem Himmel.

Vorlesedauer:      8 Min.
Tips zum Einsatz:  S. 120

## Zwölfte Geschichte
### ... und es kann nun doch ganz anders sein

Das Verhältnis zwischen Haien und Delphinen war nie eindeutig, nie selbstver-
ständlich und – später werden Sie es verstehen – genausowenig einfach zu
erklären. Man würde der Angelegenheit nicht gerecht, wenn man lediglich so
klare Beschreibungen wie *Feindschaft, gegenseitiges Desinteresse* oder gar *Freund-
schaft* verwenden würde. Nein, die Beziehung zwischen ihnen ist viel komplexer
und gleichzeitig um so spannender.

Sowohl Aussehen als auch Wesen beider Tiergattungen lassen auf den ersten Blick
keinerlei Nähe zwischen ihnen vermuten. Und doch gibt es eine geheime und nur
schwer zu entschlüsselnde Verbindung. Es muß sie einfach geben, ansonsten wäre
nachfolgend Beschriebenes nicht möglich. Denn ganz, ganz selten kann man ein
Phänomen beobachten, welches an Großartigkeit kaum zu überbieten ist. Man
kann sich glücklich schätzen, wenn man es in seinem Erdenleben einmal zu
Gesicht bekommt. Um es zu erleben, ist ein nicht gerade niedriger Preis zu
bezahlen, der aus schier endlosem Warten und Geduld besteht. Jedoch – es lohnt
sich!

Es geschieht – wenn überhaupt – meist zu der Zeit, wenn sich ein Tag allmählich
seinem Ende zuneigt, und die langen, warmroten Strahlen der Sonne die Wasseroberfläche in einen flirrenden, silbernen Spiegel verwandeln. Dann, wenn die
Verbände beider Arten langsam lockerer werden, und jedes Tier nach einem Platz
für die Übernachtung sucht, passiert es bisweilen, daß die Wege eines einzelnen
Hais und eines Delphins sich kreuzen.

Zunächst hat man den Eindruck, als wenn beide Tiere versuchten, einander
respektvoll aus dem Wege zu gehen. Jedoch, schaut man genauer hin: Sie beäugen
sich aus der Entfernung. Und obwohl sich beide geradlinig oder kreisend hin und
her, auf und ab bewegen, bleibt der Radius zwischen ihnen unverändert. Und
dann kann es geschehen, daß sie auf einmal – wie auf ein Zeichen – mit einer schier

wahnsinnigen Geschwindigkeit aufeinander zu schwimmen, um ein Spiel miteinander zu beginnen, welches einzigartig ist. Dem Betrachter zeigt sich einerseits eine außergewöhnliche Eleganz des Wechsels von Annäherung und Distanz, ähnlich einem einstudierten Tanz. Aber dann scheint es wieder so leicht zu sein wie ein Spiel. Doch dieses Spiel wird im nächsten Moment abgelöst von einer schier unheimlichen Kraft der Anziehung, mit der sich der eine auf den anderen zubewegt, dieser zunächst zu flüchten scheint, um sich im nächsten Moment vehement in weitem Bogen zu drehen und sich dem anderen zuzuwenden, ihn zu begleiten, dicht an seiner Seite Drehungen und Sprünge mitzuvollziehen oder ihn zu verfolgen, zu tanzen und zu feiern – andere Worte fallen mir hierzu nicht ein.

Sie wirken selbstvergessen. Man kann glauben, sie würden in der Zeit, in jedem einzelnen Augenblick dem anderen und seiner Welt ihre ganze Hochachtung, ihren Respekt, ihr höchstes Maß an Liebe, Lust und Sehnsucht entgegenbringen. Manchmal kann der eigene Blick den Bewegungen kaum mehr folgen, so schnell passieren sie. Man meint gesehen zu haben, was eigentlich nicht da war. Dieser Eindruck wird noch dadurch verstärkt, daß man nichts hört. Ja, dieses Ereignis findet gänzlich lautlos statt. Und dieselbe Magie, die dieses Schauspiel hervorbrachte, zieht irgendwann, wenn die Dämmerung den Wasserspiegel langsam schwarz färbt wie Teer, beide von ihnen zurück in ihre eigenen Welten. – Das Ganze scheint unwirklich, und man bleibt wie betäubt zurück.

Ich weiß ja, daß Zuschreibungen wie *Liebe, Sehnsucht* und *Achtung* Attribute sind, die in die Menschenwelt gehören, und die man nur zu leichtfertig auf die Tierwelt überträgt. Jedoch, und ich wünsche jedem die Gelegenheit dazu, wenn man es sieht ... Es passiert so selten, daß es von vielen Zeitgenossen als Phänomen schier bestritten und als reine Glaubenssache abgetan wird. Aber, *ich* habe es gesehen, und ich unterliege keinen Sinnestäuschungen.

Warum dies möglich ist, ist bislang ein Rätsel. Wie kann es sein, daß jedes Tier die für ihn geltenden Regeln und Grenzen für eine kurze Zeit vergessen, außer Kraft setzen kann, so daß sie gemeinsam fremdes Gebiet betreten können, in eine andere Welt – ja was denn eigentlich für eine Welt? – eintauchen können? Welche Energie treibt sie derart, daß die Unterschiede zwischen ihnen gleichgültig werden, und sie dem anderen ihre ganze Zuneigung geben können. Für andere mag es lustig klingen, aber ich frage mich: Schubsen sie diese Grenzen zur Seite, überspringen sie sie, kriechen – nein, schwimmen – sie darunter her? Wie stellt man es an, mit jemandem zu spielen, der so ganz anders ist? Und wie erklärt es sich, daß es beiden zur selben Zeit möglich ist? Was ist der Zauber dabei? Und wie sind sie fähig, so etwas überhaupt zu denken? Denn normalerweise muß man doch erst einen Gedanken über etwas haben, was man möglicherweise tun könnte.

Leider habe ich nur selten Gelegenheit, meine Hypothese darüber, was diesem Phänomen zugrunde liegt, ernsthaft zu diskutieren. Im besten Falle werde ich – nachdem mein Gegenüber den Kopf immer schräger hält, die Augen immer schmaler geworden sind – verlacht. Schlecht sieht es für mich aus, wenn ich lediglich ein gütiges Lächeln ernte, welches – wenn man noch den Mut hat, genauer hinzusehen – leicht starr werden kann.

Meiner Ansicht nach muß diesem Ereignis eine große Sehnsucht zugrunde liegen, Träume wahr werden zu lassen, auf den ersten Anschein hin Unmögliches möglich zu machen. Die Menschenwelt unterstellt der Tierwelt ja eine besondere Begrenztheit. Daß ich nicht lache! Wenn es ein Wesen gibt, das Grenzen hat, gerne setzt und pflegt – und dieses Bestreben wird mit zunehmendem Alter immer grenzenloser – dann der Mensch; was den logischen Schluß nahelegt, daß die Begrenztheit meines Gesprächspartners mich – da nicht sein kann, was nicht sein darf – für ihn zum Narren macht. Und weitergedacht: Die Grenzen sperren die unmöglichen – möglicherweise möglichen – Gedanken aus. Und damit ist auch die Sehnsucht nach was weiß ich ausgesperrt. Und wenn man das einmal auf andere Bereiche überträgt, der Mensch muß ja an den Transfer denken, gäbe es die Grenzen nicht, könnte man ja Unmögliches denken. Nein, Träume sind für die Nacht da. Wo kämen wir dahin? Man stelle sich folgendes einmal vor: Man denkt etwas, träumt es vielleicht, wünscht es sich dann, und möchte es dann sogar tun? Nein, nein, nein, unmöglich! Wenn aber eigentlich doch möglich, oder?

Wenn ich es mir recht überlege: schön wär's ja schon. Aber das ist nun auch wieder über die Grenzen gedacht – zurück zu Delphinen und Haien.

Mittlerweile bin ich des Redens müde geworden. Und dies ist auch der Grund, warum ich es nun erstmals niederschreibe. So kann es jeder, den es interessiert, lesen und sich seine eigenen Gedanken dazu machen, *und* er braucht mir nicht zu widersprechen. Und *ich* brauche es auch nicht. Dies finde ich praktisch für beide Seiten. Jeder kann in seiner eigenen Welt bleiben und muß mich nicht wegen meines Glaubens an die Möglichkeit des auf den ersten Blick Unmöglichen einen Idioten schimpfen. Zusätzlich wird er von mir auch nicht genötigt, meinen unmöglichen Überlegungen über mögliche Ursachen zu folgen. Und vielleicht wird der Glauben des anderen daran, daß so etwas möglich ist, umso möglicher. Denn er oder sie kann es ja ganz heimlich tun. Womit ich bei der Möglichkeit des unmöglichen Glaubens wäre. Aber ich will es nun nicht übertreiben. – Ich merke nur, wie schön das Schreiben ist, da ich endlich einmal meine möglichen Gedanken zu Ende denken kann, ohne direkt unmöglich gemacht zu werden.

Nun, auch ein offener Mensch wie ich kann ein beschränkter Mensch sein. Und es kann nun auch alles ganz anders sein, und es kann auch gar nicht sein. Zudem kann ich mit meiner Hypothese daneben liegen. Man könnte mir vorwerfen, ich betreibe Unterstellungen, zu denen wirklich nur ein menschliches Wesen fähig ist. Dem müßte ich allerdings entgegenhalten: Wie kann man mir unterstellen, daß ich unterstelle? – Jedoch – man verzeihe mir den Ausdruck – es ist mir scheißegal! Denn *ich* habe es gesehen. Und damit wäre doch die Möglichkeit des Unmöglichen bewiesen. Denn wenn es mir möglich ist, dann doch auch anderen, oder? Denn das wäre wieder Transfer, und das wäre menschlich. Ach, es ist mir gleich! Nur, was gäbe ich dafür, es noch einmal zu erleben!

# Wenn Vernünftige
# vorlesen möchten

## 2.1 Was ist der Zauber?

Märchen, Geschichten können eine andere Einstellung zur eigenen Problematik sowie Ideen für deren Lösung provozieren. In dieser Hinsicht sind Märchen/Geschichten „lediglich" Metaphern.

Darüber hinaus können sie ein wundervolles Mittel zum Lehren sein. Man mag sie als eine andere Form des Erklärens verstehen; meines Erachtens mitunter die beste, die es gibt. Viele Worte und manch langwierige Diskussion können entbehrlich werden.

Doch was genau ist der Zauber dabei? Darüber, wie er aussieht, wie er sich anhört, wie er sich anfühlt, unter welchen Umständen er seine volle Wirkung erzielen kann, habe ich eine Menge gelernt. Und ich habe Mutmaßungen über die Mechanismen, mit denen er Lernen und Lehren leicht macht. Ich bin mir sicher, ich kenne immer noch nicht alle. Ich weiß nur, daß er mir mitunter sehr hilfreich war. – Beides, das Erscheinungsbild des Zaubers und seine Mechanismen, seien nachfolgend dargestellt.

Aus folgenden Gründen habe ich auf eine getrennte Behandlung des Einsatzes von Märchen/Geschichten im Training einerseits und in der Beratung andererseits verzichtet: Zunächst einmal ist die „Weisheit", die ein Märchen, eine Geschichte für mich als Person und meine individuellen Veränderungsmöglichkeiten vorhält, unabhängig davon, ob ich Klient/in oder Teilnehmer/in bin. Eingesetzt als Unterrichts-, Trainingsmittel eröffnet sich jedoch noch eine weitere Dimension ihres Zaubers. Die nachfolgenden Ausführungen gehen aus diesem Grunde vom Vortrag in Training und Unterricht aus, da hier beide Aspekte – der persönliche und der trainingsbezogene – zum Tragen kommen. Auf beide wird Bezug genommen. Nur soviel vorweg: Während ich in Seminaren Märchen/Geschichten – je nach Zielvorstellung zu unterschiedlichen Zeitpunkten – **vorgelesen** habe, habe ich sie in der Einzelberatung in der Regel als „Denk-, Arbeitsmaterial" **mit auf den Heimweg gegeben.** Wann immer ich vermutete, eine Geschichte könnte Ideen für den Umgang mit einer Problematik aufzeigen, überreichte ich sie Klienten zum Schluß einer Sitzung.

Wenn eine Differenzierung zwischen Märchen einerseits und Geschichten andererseits nicht wichtig erschien, habe ich die Bezeichnung Geschichte als Oberbegriff verwandt.

In Fällen, in denen die Angabe sowohl der weiblichen als auch der männlichen Form die Lesbarkeit des Textes erheblich beeinträchtigt hätte, habe ich mich für die männliche entschieden.

## 2.1.1 Wie zeigt er sich?

### 1. Stellen Sie sich vor, Sie sind Dozent/in

... und haben den Auftrag, ein dreitägiges verhaltensbezogenes Seminar abzuhalten. Es ist Montag, 9.45 Uhr. Sie haben den Seminarraum vorbereitet, glücklicherweise hatten Sie diesmal alles zu Ihrer Zufriedenheit vorgefunden. Selbst das Verlängerungskabel für den Overheadprojektor hatten Sie nach kurzer Suche schließlich hinter einem der Vorhänge entdeckt. Sie stehen vorne, die Teilnehmer/innen tröpfeln langsam ein. Man blickt Sie verstohlen an. Es ist diese Art Wartezimmeratmosphäre. Aus Ihrer Perspektive hat es auch etwas von Zoo. Alle, Sie eingeschlossen, sind froh, wenn es endlich los geht.

Knapp eine Stunde später sind sämtliche Vorstellungen, Ihre, die der Teilnehmer/innen, des Programms, der Örtlichkeit der Toiletten vollbracht. Sie erwarten, daß die Teilnehmer/innen erwarten, daß es nun „in medias res" geht, aber da, neben Ihnen auf dem Tisch, liegt die Geschichte, und in Ihrem Kopf steht Ihr Vorhaben, diese vorzulesen, gleich zu Beginn. Sie heben etwa so an: „Bevor wir in das erste Thema einsteigen, möchte ich etwas ganz anderes tun. Ich möchte Ihnen eine kleine Geschichte vorlesen. Sie ist mir zufällig letzte Woche in die Hände gefallen, und sie hat mir so gut gefallen, daß ich sie Ihnen jetzt vorlesen möchte." Geschichten liest man nicht im Stehen vor, deswegen ziehen Sie einen Stuhl zu sich heran, räuspern sich und beginnen: „..."

Es kehrt Stille ein, eine Stille, die greifbar ist. Sie können mit noch so lauter Stimme, mit Enthusiasmus, mit Spaß in der Stimme sprechen, sie wird nicht verschwinden. Ihre Worte bilden einen Kreis um Sie herum, und dahinter ist „laute" Stille. Ist es das, was ein Pfarrer auf der Kanzel erlebt? Mitunter schauen Sie hinüber zu Ihren Teilnehmern – hören sie überhaupt zu? Doch die Blicke sind leer, nur für den Bruchteil einer Sekunde, bevor sie wieder zur Textstelle zurückkehren müssen, kann es passieren, daß sich Ihr Blick und der eines Teilnehmers treffen. Darüber kann man erschrecken, denn: Es sind Kinderaugen, in die man schaut.

Die Stille wird umso heftiger, je länger Sie lesen. In ihrem Hinterkopf wacht die Frage, und sie drückt immer deutlicher nach vorne: „Ist die Geschichte vielleicht zu lang?" Sie schauen wieder auf, suchen nach Indizien dafür, müssen wieder auf den Text schauen, sprechen vielleicht schneller, sagen sich, das ist Quatsch, lesen wieder langsamer usw. Aus den Augenwinkeln werden Sie keinerlei Bewegung entdecken können. Nein, alle sind reglos, manchmal ein Räuspern. Dann der letzte Satz. Sie klappen das Buch zu, legen es hinter sich auf den Tisch, stehen auf – Schweigen. Es herrscht immer Schweigen. Man sieht auch kein zustimmendes Nicken, im besten Falle ein unsicheres Lächeln. Es werden auch keine Fragen gestellt, außer vielleicht in einer der nächsten Pausen die Frage nach dem Autor.

## 2. Sie haben sich für ein mehrtägiges Seminar zu Thema XY angemeldet

Sie haben nicht wenig Geld dafür bezahlt, mußten sogar einen Tag Urlaub nehmen. Gestern abend noch, nach Arbeitsschluß, haben Sie hastig gepackt, sind heute morgen in aller Herrgottsfrühe aufgestanden, haben drei Stunden Fahrt hinter sich und betreten jetzt den hoffentlich richtigen Seminarraum. Links von Ihnen steht jemand an einen Tisch gelehnt; wird wohl der Dozent sein. Er lächelt

Sie an, und Sie murmeln „Guten Morgen", während Sie gleichzeitig den Blick in die Runde schweifen lassen, noch überlegend, ob Sie auf den Herrn am Tisch zugehen und ihm die Hand geben sollten. Nein, nicht stehen bleiben, das macht einen unsicheren Eindruck, so gehen Sie hilflos auf einen der noch freien Stühle zu, in Windeseile abcheckend, ob Sie dort genügend sehen können, der Abstand zum Dozenten nicht zu klein ist, Sie nicht ins Licht sehen müssen, und – Sie müssen sich jetzt bald nun irgendwohin setzen, sonst fallen Sie auf – setzen sich hin, in der Hoffnung, daß das nicht ausgerechnet der Stuhl sein wird, der immer wackelt, wo es zwangsläufig immer zieht, usw.

Nun heißt es, in aller Unsicherheit einen selbstbewußten Blick aufsetzen und warten. Jetzt ist der Tischmensch dran. Zwei Stühle sind noch leer, als der Tischmensch vorne beginnt. Zumindest macht er keinen arroganten Eindruck. Es kommt dann der unausweichliche Moment, hoffentlich das letzte Abenteuer für heute, da Sie sich vorstellen sollen. Es schwirrt nur ein Gedanke in Ihrem Kopf: Mein Gott, ich habe das langweiligste Leben, was man nur haben kann. Egal, Augen zu und durch.

Der letzte, ein Nachzügler hat sich vorgestellt. Nun kann es doch eigentlich losgehen, was war noch das erste Thema? Doch der Tischmensch nimmt ein Buch, hebt den Blick in die Runde und sagt, er würde jetzt „just for fun" eine kleine Geschichte vorlesen. Das mit dem „just for fun" nehmen Sie ihm nicht ganz ab. Nun, kann ja auch ganz lustig werden, scheint doch nicht so ein Bierernster zu sein. Aber da gibt es gewiß eine Botschaft, die man erfassen soll.

Er beginnt. Aha, ein Märchen. Sie lehnen sich zurück. Zu Beginn fällt es Ihnen noch schwer zu folgen, denn die einkehrende Ruhe verleitet dazu, verstohlen die anderen Teilnehmer/innen zu betrachten. Irgendwann bemerken Sie, daß Ihr Blick an einer so trivialen Sache, wie einem nicht entfernten Preisschild unter dem Schuh eines Ihnen Gegenübersitzenden hängengeblieben ist. Für einen kurzen Moment waren Sie eingetaucht in die Geschichte, wie in Kindertagen. Fast litten Sie schon mit der Hauptperson. Aber, Sie müssen doch die Botschaft finden, und schauen wieder konzentriert den Vorlesenden an, doch Ihr Blick verliert sich wieder. Und dann ist es vorbei. Der Tischmensch klappt langsam das Buch zu, guckt kurz in die Runde, steht auf ... Was jetzt? Sie hoffen nur, daß nun nicht interpretiert werden muß, wie in der Schule. Auch wenn Sie es nicht genau formulieren können, Sie haben verstanden, und das reicht. Der Tischmensch tut Ihnen den Gefallen und kommt jetzt endlich zum Thema.

### 3. Die Seminarmaus

Vor einem Jahr hatte sie diesen feinen Platz hier hinter der Fußleiste gefunden. Während sich ihre Kollegen noch immer im Tagungsrestaurant gegenseitig das Futter streitig machten, hatte sie auf einem ihrer Erkundungsgänge zufällig diesen Raum entdeckt. Die Versorgung war hier zwar nicht regelmäßig, insbesondere an Wochenenden gab es keinen Nachschub, aber dafür ließen sich kleine Reserven anlegen. Während der Woche dagegen tranken die Menschen hier eifrig Kaffee, und dazu gab es immer diese mausegebißgerechten Plätzchen. Gut – die Ernährung war ein wenig einseitig, aber man hatte seine Ruhe.

Sie hatte in diesem Raum schon so einiges erlebt: kuriose Teilnehmer/innen, verrückte Dozenten und viele Diskussionen über menschliche Probleme. An einen Tag ging es toternst zu, am nächsten Tag wieder lustig, gefolgt von fünf Tagen furchtbarer Langeweile, die abgelöst wurden von zwei Tagen, an denen alle auf dem Boden lagen und sich herumwälzten. Im letzteren Fall wurde es immer gefährlich und gleichzeitig ungemütlich. Nie konnte man über die Leiste schauen, weil – die Menschen erschraken sich dann immer. Auf jeden Fall, hier gab es immer etwas zu erleben. Heute, ein Montag – der Montag entschied meistens über die restliche Woche – war wieder der kleine dicke Dozent hereingekommen. Das verhieß Gutes. Sie mochte ihn. Er hatte einfach Charakter. Nur etwas verübelte sie ihm, er aß immer so viele Plätzchen. Aber man konnte halt nicht alles haben, diese Woche würde unter dem Motto stehen: Spiele, wenig Brot.

Sie wußte, der Dicke hatte eine Marotte. Zur Verblüffung seiner Teilnehmer/innen – jedes Mal zeigten sie diesen irritierten Gesichtsausdruck – nahm er zu jeder beliebigen Tageszeit dieses Buch zur Hand und las eine Geschichte vor. Ja, das kannten sie nicht. Ihr Programm war gestört. Und diesen Moment nutzte er aus, denn ehe jemand Einspruch erheben konnte, legte er einfach los. Hihi, das machte jedes Mal Spaß. Die waren so verblüfft, daß in den nächsten Minuten, selbst wenn er schon lange geendet hatte, niemand etwas sagte. Es dauerte immer eine Weile, bis sie wieder zu sich selbst und dieser seltsamen Kultur, über alles reden zu müssen, zurückfanden.

Sie war gespannt, wie er das heute wieder anstellen würde. Hoffentlich käme einmal eine andere Geschichte dran, denn mittlerweile kannte sie sein Repertoire auswendig. Darüber hinaus hoffte sie, daß er aus seinem letzten Mißgeschick gelernt hatte. Er war doch glatt hingegangen und hatte um 16.00 Uhr zur Einleitung in ein Thema die längste Geschichte, die es überhaupt gab, vorgelesen. Hatte er seine Teilnehmer/innen ärgern wollen, war er nicht gut drauf gewesen, hatte er keine Augen im Kopf? Sie waren alle kurz vor dem Einschlafen gewesen. So etwas konnte man zum Tagesabschluß machen, wenn alle wissen, daß es vorbei ist, und die Geschichte nur noch dem Vergnügen oder der Zusammenfassung dient. Die Maus hatte es nicht ausgehalten und war ihm zu Hilfe gekommen. Sie war aus ihrem Versteck gesprungen und hatte eine Runde durch den Raum gedreht. Das Geschrei war groß gewesen. Aber zumindest hatte er damit aufgehört. Gut, am nächsten Tag war der Kammerjäger gekommen. Aber sie hatte sowieso vorgehabt, auf ein paar Tage die Verwandten im Wald zu besuchen.

Sie hatte auch seine ersten Vorleseversuche miterlebt. Er – dieser ruhige, ausgeglichene Mann – war richtig aufgeregt gewesen. Oh ja, sie hatte das feine Zittern seiner Hände gesehen. Auch sie hatte nicht so richtig verstanden, was das sollte. Doch mit der Zeit hatte sie begriffen. Denn fortan gab es in seinem Seminar weniger Streit und Diskussionen, er kam mit dem Stoff einfach schneller durch. Die Teilnehmer/innen verstanden einfach schneller, selbst die, die normalerweise *immer* noch eine Frage haben. Las er ihnen zum Tagesabschluß noch eine Geschichte vor, spiegelte sich hernach in ihren Gesichtern nur noch selten diese Art verwirrten Zustandes, der entsteht, wenn Menschen versuchen, zuviel Neues zu lernen.

Er hatte tatsächlich gerade wieder dieses Buch zur Hand genommen. Und jetzt sah man ihn wieder, den Wechsel von leicht vor Verblüffung verzogenen Gesichtern hin zu diesem vergeistigten Ausdruck und der entspannten Haltung. Zu keinem anderen Zeitpunkt sah man diesen Ausdruck. – Sie mochte den Tonfall, den er sich mittlerweile dafür zugelegt hatte. Ja, genau so las man eine Geschichte vor. Wenn er sich nur zurücklehnen würde. Und er sollte aufhören, die Teilnehmer/innen zwischendurch immer so anzustarren, das riß sie doch nur heraus.

Innerlich mußte sie grinsen. Sie dachte an seine ersten Auftritte. Damals hatte er seine Teilnehmer/innen anschließend immer so fragend angeschaut. Das waren Momente gewesen, die einer gewissen Komik nicht entbehrt hatten. Sie schauten ihn an, und er schaute sie an. Was erwartete er: Bestätigung? Applaus? Er hatte doch die Reaktion, die er haben wollte: Sie dachten nach. Zum Glück hatte er das abgelegt.

Gerade hatte er das Büchlein wieder zur Seite gelegt, es war tatsächlich mal eine neue Geschichte gewesen. Es war gut gelaufen. Diesmal hatte er auch das langsame Tempo durchgehalten. Kaum merklich lächelnd stand er auf und machte ohne Kommentar weiter. Sehr gut Junge!

Sie kletterte von der Fußleiste hinunter in ihr Versteck. Sie würde ein kleines Schläfchen einlegen. Das, was jetzt kam, hatte sie schon zu oft gehört.

## 2.1.2 In welcher Weise können Märchen/Geschichten hilfreich sein?

### Der Lehrer und seine Person treten in den Hintergrund

Lese ich in meinen Seminaren eine Geschichte vor, schlüpfe ich in eine andere Rolle. Für meine Teilnehmer/innen bin ich nicht mehr Trainerin, Dozentin oder Lehrerin, die „alles besser weiß". Ich werde zur Geschichtenerzählerin, zur Mittlerin einer anderen Welt, doch nicht unbedingt zur Vertreterin derselben. Der Autor war jemand anders. Ich als Person, mit einer Meinung über Ziel und Weg dorthin, trete in den Hintergrund. Hernach muß mit mir niemand darüber diskutieren, ob es sich um die Wahrheit handelt, ob der beschriebene Weg der „richtige" oder nicht doch ein anderer Ansatz, eine andere Herangehensweise die bessere sei.

### Glaubensfreiheit

Geschichten kann man glauben oder nicht glauben. Diese Freiheit kann die Möglichkeit des Glaubens und daraus folgend die Aneignung neuer Einstellungen, neuer Wege leichter machen.

**Je irrealer, umso glaubhafter**

Die Möglichkeit des Glaubens an die Funktionsfähigkeit einer bestimmten Einstellung zum Leben, kann umso mehr gegeben sein, je irrealer, märchenhafter der Inhalt gestaltet ist. Es mag paradox klingen, doch je mehr sich die dargestellte Realität von der eigenen unterscheidet, desto weniger ist man veranlaßt, sie daraufhin zu untersuchen, ob es Unterschiede gibt, die bei genauer Prüfung zu einem „Ja, aber ..." verleiten könnten. Die Gefahr, daß Teilnehmer/innen in sich selbst und als Folge davon mit mir einen „Glaubenskrieg" führen müssen, ist gering. Und doch muß es Ähnlichkeiten geben, die es ermöglichen, Übersetzungen in die eigene Erfahrungswelt/*Landkarte* vorzunehmen.

**Über Geschichten diskutiert man nicht**

Erhebt man nicht den Anspruch, es handele sich um real Geschehenes, wird der Leser, der Zuhörer gar nicht die Frage nach der Richtigkeit, Wahrheit einer Geschichte stellen. In Geschichten, insbesondere in Märchen werden per se bestimmte Weisheiten vermutet. Man muß sie nur erfassen. Leser/innen, Zuhörer/innen werden sie fast automatisch auf ihre Botschaft hin untersuchen. – Manch überflüssige Diskussion unterbleibt.

**Lernen, ohne bewußt lernen zu wollen**

Man kann Geschichten vorweg explizit den Rahmen geben, daß sie zur Einführung in einen Tag oder ein Thema dienen würden. Der Zuhörer wird bewußt versuchen, die Botschaft zu erfassen. Meiner Erfahrung nach kann ein offener Rahmen günstiger sein. Ich gebe häufig Einleitungen wie: Sie wären lediglich zur Entspannung, zur Abwechslung, oder weil ich sie einfach schön finde, da. Ich sage damit: Für euren Seminarerfolg ist es nicht wichtig, daß ihr zuhört, daß ihr versteht. Auf diese Weise tritt für die Teilnehmer/innen die Verpflichtung in den Hintergrund, lernen, interpretieren, einordnen zu müssen. Dies macht es Teilnehmern u.U. leichter, sich nur auf die Informationen zu konzentrieren, die für *sie* wirklich wichtig sind.

## Perfekte Beispiele

Welche/r Seminarleiter/in kennt nicht das Phänomen, daß, will man neues Verhalten, neue Einstellungen vermitteln, Beispiele aus dem Alltag eingefordert werden. Durch Beispiele können Teilnehmer/innen das Thema, die Problemstellung in ihr persönliches Erleben einordnen. Beispiele aus der Praxis des Dozenten können Beweis für die Funktionsfähigkeit der vorgestellten Technik sein. Beispiele darüber, *wie* genau einmal jemand das, was man vorstellt, in der Praxis angewandt hat, bewirken Filme im Kopf, die Merkfähigkeit einzelner Schritte und ihrer Reihenfolge ist höher. Geschichten können dies alles in einem leisten.

Dabei habe ich noch zwei schöne Nebeneffekte von Geschichten als Vorbereitung auf ein Thema festgestellt: Zum einen werden Instruktionen zur Rollenverteilung beim Üben – wer spielt welche Rolle? – leichter verstanden, wenn man auf beteiligte Gestalten in der Geschichte verweist. Zum anderen läßt sich bei der Erklärung einzelner Fachausdrücke, wie z.B. im NLP: *Future-Pace, Ökologie, Dissoziation* etc., auf das Geschichtsgeschehen zurückgreifen.

## Ein Anker für einen ganz bestimmten Zustand

Allein das Setting, eine Geschichte vorgelesen, erzählt zu bekommen, ruft bei Teilnehmern einen in der Kindheit *geankerten* Trancezustand hervor. Sie erinnern sofort die Zeit, als ein Erwachsener ein Buch zur Hand nahm, eine bestimmte Seite aufschlug, tief Luft holte und begann: „Es war einmal ..." Man konnte eintauchen in eine fremde Welt. Geschichten, im Unterricht eingesetzt, benutzen genau diesen *Anker*, um in eine Gedankenwelt zu gelangen, in der auch auf den ersten Blick Irreales möglich ist.

Die Normen des Bewußtseins werden nicht verletzt, denn es ist ja nur eine Geschichte. Mancher Samen für neue Einstellungen, Glauben, bestimmte Vorgehensweisen läßt sich leichter säen. In der Regel reicht es aus, sie zum richtigen Zeitpunkt vorzulesen, sie einfach unkommentiert im Raum und in den Köpfen der Zuhörer/innen stehen – und wirken – zu lassen.

Doch selbst wenn man in keinster Weise im Sinn hat, diesen bestimmten Zustand zu erzielen, so habe ich die Erfahrung gemacht, daß sie auf jeden Fall ein hervorragender Unterbrecher (*Separator*) in Situationen sein können, in denen heftige Diskussionen über Richtigkeit und Wahrheit der vorgestellten Methode auftraten. Nach dem Motto: „Kommt, wir machen eine Pause, danach lese ich euch einmal eine Geschichte zum Thema vor." Der nachfolgende Zustand ist zumindest *ressourcevoller* als der vorhergehende.

## Einen Rahmen setzen

Benutzt man die Geschichten als Einleitung in ein Thema oder ein Modell, können sie einen Rahmen setzen, der das Thema eingrenzt und die Form der Herangehensweise spezifiziert. Unter Umständen bleibt einem die Mühe erspart, zunächst einmal mitzuteilen, was man heute alles nicht leisten kann, daß man in kleinen Schritten vorgehen möchte, etc. Letzteres bewirkt bei Teilnehmer/innen eigentlich nur Frustration.

So wurde ich beispielsweise in meinen Seminaren zum Thema *Streßbewältigung* häufig mit der hohen Erwartungshaltung konfrontiert, daß man bitteschön schon heute ein anderer Mensch werden möchte. Anstatt mit Worten zu erklären, daß es leichter werden kann, wenn man zuerst eine genaue Vorstellung vom Zielzustand entwickelt, habe ich einfach eine Geschichte zur Entwicklung einer *Wohlgeformten Zielformulierung* vorgelesen, eingeleitet mit den Worten: „Ich erzähle Ihnen die Geschichte von jemandem, der ebenfalls das Anliegen hatte, ruhiger, gelassener zu werden." Damit war der Rahmen gesetzt.

### Zusammenfassen, ordnen

Insbesondere bei mehrtägigen Veranstaltungen tritt oft der Effekt ein, daß Teilnehmer/innen zum Schluß eines Tages den Eindruck haben, hoffnungslos verwirrt zu sein. Dies kann man bewußt beabsichtigen, wenn nicht, kann eine Geschichte zum Abschluß Informationen wieder bündeln und auf das Wesentliche hinweisen. Man entläßt sie jedenfalls in einem guten Zustand.

### Statt einer Demonstration

Die Demonstration einer Technik mit einem Seminarteilnehmer – wie in der NLP-Ausbildung üblich – kann die Abfolge der einzelnen Schritte verdeutlichen, sie kann, so sie erfolgreich verläuft, für die Teilnehmer/innen Beweis für die Funktionsfähigkeit der dahinterstehenden Einstellung, des beschrittenen Weges sein. Manchmal wenden Teilnehmer/innen sogar schon während der Demonstration das jeweilige Modell auf die eigene Problematik hin an. Doch nicht immer ist eine Demonstration möglich. Manchmal fehlt einfach die Zeit bzw. die voraussichtliche Länge ist nicht einschätzbar. Darüber hinaus wird sich in geschlossenen Gruppen nicht jede/r für eine Demonstration zur Verfügung stellen, wenn just auch der Kollege oder Mitarbeiter mit im Seminar sitzt.

Geschichten, in welche NLP-Modelle eingebettet sind, können ein eleganter Ersatz sein. Meiner Erfahrung nach ist – da der bewußte Wunsch zu lernen und sich alles, jedes Wort des Trainers, merken zu müssen, geringer ist – die Wahrscheinlichkeit, daß Teilnehmer/innen das Modell während des Vorlesens auf eigene Problemstellungen hin anwenden, sogar größer.

### Ersatz für die Behandlung eines Themas

Manchmal fehlt die Zeit für die Einleitung in ein Thema, auf dem am Nachmittag oder dem folgenden Tag aufgebaut werden soll. In diesem Fall kann man eine Geschichte als „Notlösung" heranziehen.

## 2.1.3 Zusammenfassung

Wann immer man mich früher gefragt hat, was denn das eigentlich Besondere an Geschichten – in der Beratung und als Lehrmittel – sei, habe ich behauptet, mit ihrer Hilfe könne man elegant am Bewußtsein vorbei lehren, Veränderung induzieren. Inzwischen möchte ich diese Aussage modifizieren. Zum einen klingt das so, als wenn das Bewußtsein etwas sei, das grundsätzlich nur im Wege steht. Pah! Wenn wir es nicht hätten! Nein, ich glaube, man macht es dem Bewußtsein einfach leichter mitzugehen, indem man es nicht zwingt, (mir) glauben zu müssen, lernen zu müssen, seinen Standpunkt verteidigen zu müssen. Man läßt ihm die Wahl und gibt ihm Beispiele, mit deren Hauptdarstellern es sich identifizieren und so erste Erfahrungen mit einem neuen Weg sammeln kann.

Als Lehrmittel können Märchen/Geschichten

➤ die Freiheit geben, zu lernen, ohne durch den Dozenten oder andere Gruppenmitglieder/innen, als Vertreter/innen bestimmter Meinungen, „gestört" zu werden,

➤ unergiebige Diskussionen über Wahrheit, Richtigkeit von Vorgehensweisen verhindern,

➤ die Verpflichtung, etwas Bestimmtes lernen zu müssen, verringern,

➤ Trance induzieren,

➤ Beispiel sein,

➤ ein guter Unterbrecher für wenig ressourcevolle Zustände der Gruppe sein,

➤ ein Thema eingrenzen,

➤ den Stoff des Tages zusammenfassen,

➤ eine Demonstration ersetzen,

➤ eine gute „Notlösung" sein, wenn für eine ausführliche Einführung und Behandlung eines Themas die Zeit fehlt,

➤ NLP sein, ohne daß explizit darauf hingewiesen werden muß.

Im Rahmen der Einzelberatung können sie „Denkmaterial" für zu Hause sein, insbesondere dann, wenn aus Zeitgründen eine Beratung abgebrochen werden muß.

# 2.2 Tips zum Vortragen

*Setzen Sie sich hin, lehnen Sie sich zurück ...*

### Wie experimentiert man am besten?

Wann immer ich mir nicht sicher war, ob eine Geschichte akzeptiert, oder ob sie das von mir angestrebte Ziel erreichen würde, habe ich sie aus dem Seminarrahmen herausgenommen und mit den Worten eingeleitet: „Die Geschichte hat gar nichts mit dem Seminar zu tun, sie ist zur Abwechslung, zur Entspannung da ...“ Mit Geschichten experimentieren kann man insbesondere dann, wenn der Tag/das Seminar gut gelaufen ist, und man sie zum Schluß vorliest. Dann können sie „keinen Schaden mehr anrichten“.

### Wie oft kann man vorlesen?

Heutzutage erwarten die Menschen für ihr Geld Fakten und *vernünftige* Worte. Deswegen sollte man grundsätzlich nicht mehr als eine Geschichte am Tag vorlesen. Dies empfiehlt sich noch aus einem anderen Grund, denn einer Geschichte zuzuhören ist eine anstrengende „Geschichte“, es bedeutet Arbeit für den Kopf. Teilnehmer/innen versuchen, den Zusammenhang zum Seminar herauszuhören, die Botschaft zu erfassen, von der Geschichtenwelt in ihre eigene zu übersetzen, einen Schluß für sich zu ziehen etc. Nicht umsonst werden Kindern Geschichten zum Einschlafen vorgelesen.

### Wie lang darf die Geschichte sein?

Als Einleitung in ein Seminar oder in ein Thema empfiehlt sich eine kurze Geschichte (bis ca. 10 Minuten). Teilnehmer/innen fühlen sich ansonsten zu sehr auf die Folter gespannt, was denn nun das eigentliche Thema ist. Als Abschluß eines Seminartages kann man längere Geschichten vorlesen, da die Teilnehmer/innen wissen, danach müssen sie nichts mehr lernen. Sie können sich zurücklehnen und voll und ganz in die Physiologie gehen, die sie als Kind vor dem Einschlafen hatten, als jemand anfing: „Es war einmal ..." Geschichten wie *Tag und Nacht* bewirken dann regelrecht eine Tieftrance.

Ein kleiner Tip: Wenn man Geschichten erzählt – statt sie vorzulesen – werden sie automatisch kürzer.

### Stimmlage, Tonfall

Tauchen Sie ein in die Welt des Märchens, der Geschichte, erleben Sie sie mit. Wechseln Sie in die verschiedenen Rollen. Lese ich vor, *bin* ich in der Geschichte. Ich sehe, was die Handelnden sehen, ich höre, was sie hören, ... – dann stimmt auch meine Tonlage, mein Tempo, meine Sprechgeschwindigkeit, die Pausen. Ich persönlich versenke mich so sehr, daß ich selbst die Buchstaben nur durch diese Brille, durch diese Welt sehe. „Seien" Sie diese Welt! Dann werden Sie Ihren Teilnehmern deren ganzen Reichtum schenken können. Manchmal hat mir dieses Eintauchen Angst gemacht, weil ich fürchtete, den Kontakt zu meinen Zuhörern zu verlieren. Doch diese Angst ist vollkommen unbegründet. Die Zuhörer/innen möchten in dem Moment gar keinen Kontakt zu Ihnen, sondern zu dieser speziellen Welt.

### ... und wenn die Geschichte zu Ende ist?

Danach? – Danach herrscht Schweigen. Und das ist, wie jede Trance, heilig.

Lassen Sie den Teilnehmern ein wenig Zeit, bevor Sie – vielleicht eher beiläufig bei der Erklärung eines Modells oder einer Herangehensweise an ein Thema – auf das Geschichtsgeschehen zurückgreifen. Gibt man sofort nach dem Vortrag Erklärungen ab, so wirkt dies belehrend und nimmt Teilnehmern die Freiheit, *selbst* ihren Schluß daraus zu ziehen.

## 2.3 Zum Einsatz einzelner Märchen
## und Geschichten

Bevor Sie weiterlesen: Sie sind freier als ich. Für mich stand jede Idee, jede Geschichte innerhalb eines bestimmten Rahmens. Sie war gefesselt an ein Seminarthema, bzw. an die von mir gewählten Seminarinhalte. Umso überraschter war ich, in welchen Kontexten befreundete Dozenten sie eingesetzt haben. Ich wäre nie auf die Idee gekommen. Mein Rahmen hat mir im Wege gestanden. Vielleicht denken Sie für kurze Zeit darüber nach, lassen Ihre Gedanken schweifen, in welchem Kontext die Geschichte, das Märchen Ihnen von Nutzen sein könnte.

In der Folge möchten ich Ihnen erzählen,

➤ wie es – wenn es für ihren möglichen Einsatz eine Anregung sein kann – zu den einzelnen Geschichten gekommen ist,

➤ mit welchem konkreten Ziel ich oder befreundete Dozenten sie eingesetzt haben,

➤ in welchem Rahmen sie „zaubern" können,

➤ welchen Rahmen sie selbst setzen,

➤ und zu welchem Zeitpunkt ihr Einsatz in Seminar oder Kurs günstig sein kann.

Man mag vermuten, daß ich ein jedes Mal mit bewußter Überlegung eine Geschichte/ein Märchen geschrieben hätte. Seien Sie sicher, so war es nicht. Weder die Idee – und die schon überhaupt nicht – noch meine Absicht waren mir je bewußt, wenn ich mich hinsetzte und schrieb. Und vielleicht lassen auch Sie zunächst Ihr Unbewußtes entscheiden, wann und wo Sie die Geschichten ausprobieren könnten. Und: Haben Sie Mut, zu experimentieren!

## 2.3.1 In der Fremde

**Träume sind Schäume?**

*„Eine Veränderung in Angriff nehmen"*. Dies war der Titel eines Seminars, welches ich zum zweiten Mal halten wollte. Nach dem ersten Seminar war mir sehr deutlich in Erinnerung geblieben, in welchem Maße Teilnehmer/innen mitunter an der „Richtigkeit" ihrer Ziele zweifeln, insbesondere dann, wenn es sich um größere Veränderungen handelt (Berufswechsel, Beendigung von Partnerschaften etc.). Die Angst vor den Konsequenzen und die Frage, ob die Veränderung überhaupt mit der eigenen Identität in Einklang steht, kann Ursache dieses Zweifels sein. Mit dieser Geschichte wollte ich Mut machen, die Ziele erst einmal „stehen zu lassen", um das Augenmerk auf passende Strategien zu lenken, nach dem Motto:

*Ziele sind heilig! Gut, man darf sie ein wenig verändern, man darf sie verkleinern, aufteilen, weiter wegsetzen, näher heranholen oder direkt darauf zugehen. Dies alles sei erlaubt, nur ihre Substanz muß erhalten bleiben! Ganz anders verhält es sich mit den Wegen dorthin: Sie dürfen verteufelt werden! Hier kann man sich alle Freiheiten herausnehmen: aus dem Kopf schlagen, fallen lassen, zur Konkurrenz gehen oder gar einen Seitensprung wagen ...*

Ein weiterer Anlaß für die Geschichte bestand darin, daß die Diskussion über die Frage, inwieweit es überhaupt möglich ist, „Alles" im Leben zu erreichen, zuviel Zeit eingenommen hatte. Ich wollte einen Rahmen setzen, der diese Frage gar nicht erst aufkommen ließ.

**Einsatzmöglichkeiten**

*Ich habe es immer wieder versucht, aber ...*
*Wahrscheinlich habe ich mir nur etwas vorgemacht.*
*Ich bin einfach nicht der Mensch dazu.*
*So ein Ziel ist einfach nicht erreichbar.*
*Ich werde doch nur wieder enttäuscht.*
*Man muß halt seine Grenzen erkennen.*
*Wahrscheinlich will ich das eigentlich nicht.*

Es ist meine „Blankogeschichte". Sie ist nicht spezifisch auf ein Problem oder auf ein bestimmtes Ziel ausgerichtet. Sie fordert lediglich dazu auf, Probleme, die sich auf dem Wege zum Ziel einstellen, nicht zum Anlaß zu nehmen, das Ziel selbst in Frage zu stellen.

Darüber hinaus kann sie eine Einführung in NLP erleichtern, da sie auf das Selbstverständnis von NLP, als Kunst der **Wege** zum Ziel, hinweist.

Ich habe sie eingesetzt:

➤ in **Seminaren/Kursen** zur Einleitung in ein Flexibilitätstraining zum Thema: „Habe immer mehrere Alternativen im Kopf!"
➤ in **NLP-Ausbildungsseminaren**:
    ① direkt zu Beginn – noch vor Vorstellung des Programms – um zu verdeutlichen, daß NLP sich mit den Wegen zur Zielformulierung und Zielrealisierung beschäftigt,
    ② als Abschluß des ersten Ausbildungstages, wenn die Köpfe „voll" waren, um die Gedanken wieder auf das „Wesentliche" zurückzuführen,
➤ wenn zu erwarten war, daß in Gruppen eine Diskussion darüber entstehen würde, ob die Grundannahme des NLP, daß jede/r alles erreichen könnte, realistisch ist,
➤ wenn in Gruppen Unstimmigkeit darüber auftrat, welches ein gemeinsames Ziel sein könnte, insbesondere wenn Visionäre in Konflikt mit Pragmatikern kamen und letztere die Ansicht vertraten, das formulierte Ziel sei nicht machbar und deswegen falsch,
➤ in der **Beratung**, beim **Coaching**, wenn sich jemand die Frage stellte, ob er/sie das Ziel überhaupt erreichen könnte, oder ob es zu ihm/ihr passen würde.

## 2.3.2 Die Grenze

**„Wer hoch hinaus will ... braucht zunächst ein Ziel."**

Mein liebstes Märchen, da es dazu auffordert, anspruchsvoll im Leben zu sein!

**Einsatzmöglichkeiten**

> *Ich habe gelernt, nicht zuviel vom Leben zu erwarten.*
> *Das ist vollkommen unrealistisch!*
> *Ja, diesen Traum habe ich auch einmal gehabt.*

Ich habe die Erfahrung gemacht, daß es Teilnehmern durch dieses Märchen leichter fällt, für eine Weile die Schwierigkeit des **Weges** aus dem Blickfeld zu schieben, um sich zunächst nur der Zielformulierung zu widmen. Das Märchen provoziert das Denken, daß es hernach „nur" noch eine Frage des Weges ist. Zudem kann man Teilnehmern, Klienten damit Mut machen, sich ihrer Wünsche überhaupt erst einmal – wieder – bewußt zu werden. – Eingesetzt habe ich das Märchen:

➤ zu Beginn von **Seminaren/Kursen**, wenn es zuerst darum ging, ein Ziel zu formulieren, eine Vision zu entwerfen:

  ① um das Denken in Richtung einer *Hin-zu-Motivation* zu lenken, im Gegensatz zu einer bloßen *Weg-von-Motivation*,
  ② um zu verhindern, daß Teilnehmer/innen Ziele wieder verwerfen, da sie gleichzeitig die Frage ihrer Machbarkeit im Kopf haben,
  ③ um Mut zu machen, im Denken die Begrenzungen des bereits Existierenden zu überschreiten,
  ④ als Vorbereitung darauf, daß ich penetrant fragen werde,

➤ in **NLP-Ausbildungsseminaren:**

  ① zur Einführung in das Erfragen *Wohlgeformter Zielformulierungen*, insbesondere um zu verdeutlichen, daß ein Ziel hier und jetzt demonstriert werden soll,

② als Einführung in die *Walt Disney-Strategie*: „Halte deine Zustände getrennt, bleibe zunächst nur in der »Träumer-Position«",

➤ nach der ersten **Coaching**-Sitzung.

### 2.3.3 Mein Freund

Ich lebe im Rheinland, und jede/r Rheinländer/in kennt das folgende „zwang-
hafte" Begrüßungsritual: „Wie isset?" – „Joot!" („Wie geht's?" – „Gut!"). Ich hatte
die Idee, unter diesem Titel ein Seminar abzuhalten mit dem Untertitel: *„Techniken,
sich in einen guten Zustand zu versetzen"*.

Ich wollte auf eine *Weisheit* hinweisen und *einen* **Ratschlag** geben:

➤ die *Weisheit* (frei nach Einstein formuliert): *Das Denken, das dich in Probleme
hineinführt, führt dich nicht wieder heraus.*

➤ der **Ratschlag**: *Wenn etwas nicht funktioniert, tu irgend etwas anderes, statt das
zu wiederholen, was nicht funktionierte.*

**Einsatzmöglichkeiten**

> *Kurz und gut: Ich bin ein/e Versager/in.*
> *Nichts geht mehr.*

Ich habe die Geschichte vorgelesen:

➤ zu Beginn von **Seminaren**: siehe oben,

➤ in der **NLP-Ausbildung** mit der Botschaft: „Hol deinen Klienten aus einem
blockierten Zustand heraus!" (*Stuck-State*),

➤ in der **Einzelberatung,** wenn ich Klienten ermuntern wollte, Neues auszuprobieren.

## 2.3.4 Vom zappeligen Eichhörnchen
## und dem weisen Bären

Die *Dezembergeborene.* – Ich weiß beim besten Willen nicht mehr, wie ich, es muß eines Abends gewesen sein, auf die Idee dieses Märchens gekommen bin. Gut, der Anlaß ist mir noch sehr deutlich. Ich sollte für meine Kollegen ein Seminar zum Thema *„Einführung in Entspannungsverfahren"* halten. Ich arbeitete schon lange auf dem Gebiet der Streßbewältigung, und meiner Erfahrung nach gelang es nur wenigen, Entspannungstechniken zu einem Bestandteil ihres Alltags zu machen. Nun, ich hatte doch NLP gelernt und meinte fortan, meine Teilnehmer/innen bekehren zu müssen. Ich wollte ihnen „beibringen", wie man es schafft, „gute Vorsätze" auch in die Tat umzusetzen. Mir war klar, wenn ich den Begriff NLP nur in den Mund nähme, würde man mich anschauen, als wenn ich Mitglieder/innen für eine Sekte werben wollte. So schrieb ich über die Weihnachtsfeiertage meine erste Geschichte. Gegen Schluß der ersten Kursveranstaltung sagte ich zu meinen Teilnehmern, sie sollten sich zurücklehnen, ich würde ihnen jetzt zur Entspannung noch eine Geschichte vorlesen. Sie hätte rein gar nichts mehr mit dem Seminar zu tun, der Autor sei unbekannt. Vier von zwölf Teilnehmer/innen baten mich hernach um Kopien. Das war der Anfang.

Bei diesem Märchen hat der Seminarordner mit seiner Vermutung übrigens recht: Ich kann es auswendig. Ich glaube, es ist das meistvorgelesene und meistkopierte Märchen.

### Einsatzmöglichkeiten

> *Ich habe mir immer wieder vorgenommen, ...*
> *Also, mein Problem ist folgendes: „...."*
> *Ich habe schon **Alles** ausprobiert.*
> *Ich möchte ruhiger, gelassener werden.*

Dieses Märchen eignet sich gut als Einleitung in das Thema *„Wohlgeformte Zielfor-mulierungen"* (in NLP-anwendungsbezogenen Seminaren und in der NLP-Ausbildung), z.B. zu Beginn eines Seminartages. Folgende Gesichtspunkte habe ich dabei immer als sehr vorteilhaft erlebt:

➤ Es macht deutlich, daß es zunächst **nur** um das Ziel geht und nicht gleichzeitig auch schon um den Weg dorthin.

➤ Man läßt sich hernach bereitwilliger von mir „penetrant" befragen.

➤ Im Rahmen der Instruktionen zum paarweisen Üben der Fragetechnik habe ich bei der Erklärung, wer A und wer B ist, auf die Hauptdarsteller des Märchens *Eichhörnchen* und *Bär* zurückgreifen können.

Darüber hinaus läßt es sich grundsätzlich immer einsetzen, wenn es um das Thema *Streßbewältigung* geht, auch in der **Einzelberatung**.

## 2.3.5 Ein Hoch auf den Neujahrsvorsatz

> **„Einen alten Baum verpflanzt man nicht ...**
> **doch man kann ihn beschneiden,**
> **auf daß er mehr Blüten tragen kann denn je."**

Viele Menschen kommen zu dem Schluß, daß sie einfach willensschwach sein müssen, wenn sie einen Vorsatz – regelmäßig Sport treiben, weniger trinken, weniger essen, pünktlich die Steuererklärung abgeben etc. – nicht „durchhalten". Und je unzufriedener sie darüber werden, desto mehr lehnen sie ihr Verhalten ab, möchten es am liebsten von heute auf morgen verlieren, wollen nichts mehr damit zu tun haben.

**Einsatzmöglichkeiten**

*Ich habe mir immer wieder vorgenommen, ...*

Die Geschichte eignet sich für Seminare, Kurse, wann immer es um „gute Vorsätze" geht, insbesondere gegen Ende des Jahres.

Sie kann in einem ersten Schritt Druck wegnehmen, indem sie die bisherigen Bemühungen um Verhaltensänderung anerkennt *(pacet)* und einen plausiblen Grund für Ihr Scheitern liefert, der zudem noch Respekt verdient. In einem zweiten Schritt wird einem an's Herz gelegt, das alte Verhalten nicht ganz zu verteufeln, denn es mag auch „Weisheit" zugrunde liegen, die es zu erfassen und zu bewahren gilt. Als Dozentin bekam ich hernach schneller Antworten auf die Frage: „Und für welche Fälle hebst du dir das bisherige Verhalten auf?"

## 2.3.6 Der Verlust

Wenn dich ein Mensch verläßt, kannst du ihre/seine Welt behalten. Doch versuche nicht, ein ganz anderer Mensch zu werden. Dein inneres Vorbild sollte:

➤ immer Eigenschaften von dir in der Gegenwart besitzen. Es wird dir leichter fallen, so zu sein;

➤ nicht das Erleben konkreter Ereignisse beinhalten. Die Aussicht, daß sie genau so eintreten, ist nicht groß. Du könntest dich selbst enttäuschen. Denke an Eigenschaften, Qualitäten, Werte – Anerkennung, Erfolg etc. – die du in deinem Leben vermehrt erleben möchtest.

**Einsatzmöglichkeiten**

> *So wie sie/er würde ich auch gerne sein.*
> *Ich möchte mich gerne anders verhalten können.*
> *Es wird nie wieder so sein, wie mit ihr/ihm.*

In NLP-Ausbildungs**seminaren** habe ich diese Geschichte eingesetzt als Einleitung in das Modell *New Behaviour Generator* oder anderer *Visualisierungstechniken* (z.B. den *visuellen Swish*).

Im Rahmen der **Einzelberatung** habe ich sie mit auf den Weg gegeben, wann immer jemand darüber klagte, daß sie/er sich nur in Anwesenheit bestimmter Personen wohl fühle, bestimmte Fähigkeiten zur Verfügung habe.

## 2.3.7 Die Zugfahrt

**„... alles eine Frage des Standpunkts."**

Für Fälle, in denen man sich einer Person gegenüber ängstlich, blockiert fühlt, empfiehlt die Geschichte eine bestimmte Art des „Hellsehens", nämlich die Einnahme verschiedener Wahrnehmungspositionen, um:

➤ aus verschiedenen Blickwinkeln heraus Informationen zu sammeln, die für die Einschätzung möglicher Handlungsweisen und daraus folgender Konsequenzen nützlich sein könnten,

➤ in einen besseren Zustand zu gelangen, in dem man automatisch ein größeres Verhaltensrepertoire zur Verfügung hat.

Die Hauptdarstellerin der Geschichte nimmt folgende Perspektiven ein:

➤ sie sieht sich von außen (*dissoziierte* Position), als außenstehende Betrachterin,

➤ sie schaut nochmals von außen, aber läßt, entsprechend dem Vorgehen beim Modell *New Behaviour Generator*, jemand anderen ihren Part spielen,

➤ sie blickt aus den Augen ihres Gegenübers,

➤ sie *tut so, als wenn sie es getan hätte,* und schaut aus der Zukunft – kurz danach und aus ferner Zukunft – auf das Ereignis zurück,

➤ zum Schluß nimmt sie wieder ihre ursprüngliche Position ein – blickt aus ihren Augen – und nimmt eine abschließende Bewertung vor.

Diese Form des „Hellsehens" kann effektiver sein, als der Versuch, aus den eigenen Augen heraus die Gedanken im Kopf des anderen zu lesen.

**Einsatzmöglichkeiten**

*Ich trau mich nicht, den anderen – auf etwas hin – anzusprechen.*

Aufgrund ihrer Länge sollte man diese Geschichte nur gegen Tagesschluß vorlesen.

Sie hat mir gute Dienste erwiesen in der **Einzelberatung,** wenn jemand zu großen Respekt vor einer anderen Person hatte, und in der **NLP-Ausbildung,** als Vorbereitung auf das am kommenden Tage im Mittelpunkt stehende Thema *Time Line.* Die Geschichte hat den großen Vorteil, daß die Teilnehmer/innen schon während des Vorlesens die Einnahme verschiedener Wahrnehmungspositionen üben. – Übrigens: Frauen lieben diese Geschichte.

# 2.3.8 Tag und Nacht

Ich habe lange Zeit mit Menschen gearbeitet, die einen Herzinfarkt erlitten hatten und gezwungen waren, es in Zukunft „ruhiger angehen zu lassen". Sie lernten bei mir Entspannungsverfahren, Methoden der Zeit- und Arbeitsorganisation sowie Bewegungsformen, die das Herz trainieren.

In dieser Zeit habe ich viel über das Ringen um Veränderung gelernt. Ich habe oft die Enttäuschung gesehen, wenn mir Teilnehmer/innen – Wochen nach Abschluß eines Kurses – mitteilten, daß sie ihren Vorsatz für kurze Zeit durchgehalten hatten und dann doch wieder in „Altes" zurückgefallen waren. Andere wiederum machten sich fortan Streß mit der Streßbewältigung. Neben den normalen Alltagsbelastungen zwangen sie sich jetzt zusätzlich, alle Gesundheitstips zu befolgen. – Ich weiß nur eines: Sie sahen nicht sehr glücklich aus, und ich war nicht sehr erfolgreich.

Heute weiß ich, daß ich nichts anderes getan habe, als das, worin man als Freund/in eines Betroffenen nur zu leicht verfällt: Man gibt gute Ratschläge: „Da mußt du nur einfach ..." Gewiß, meine Ratschläge waren wissenschaftlich fundiert, erreichten aber trotzdem nicht ihr Ziel. Ratschläge richten sich an das Bewußtsein. Doch manchmal ist unser Bewußtsein einfach machtlos, egal wieviel Argumente wir ihm auch bieten.

Im Rahmen meiner NLP-Ausbildung lernte ich das Modell *Six Step-Reframing* kennen. Ich schrieb diese Geschichte, und alle Teilnehmer/innen meiner Seminare zum Thema „Streßbewältigung" müssen sie sich seitdem anhören, und – sie sehen glücklicher aus.

### Einsatzmöglichkeiten

*Obwohl ich es nicht will, tue ich es trotzdem.*
*Ich kann mich nicht ändern, das ist halt meine Natur.*
*Er/sie kann einfach nicht über seinen Schatten springen.*
*Ich will gesund leben, aber auch erfolgreich sein.*

Die Wirkung dieses Märchens ist einfach wundervoll! – Es eignet sich hervorragend für Seminare/Kurse, die das Thema „Streß" behandeln.

Das Märchen entlastet von der Annahme, man sei nur **willensschwach** und **unfähig**, die einfachsten Ratschläge zu befolgen. Es lädt dazu ein, den Konflikt als ein sensibles Miteinander verschiedener Persönlichkeits„teile", „Seelen" anzusehen. Das Märchen beschreibt einen möglichen Weg der Versöhnung mit einer „Seele", deren **Verhalten** uns unangenehm ist. Es wird angenommen, daß die dahinterstehende **Absicht** grundweg positiv ist. In einem ersten Schritt wird nahegelegt, eine innere Kommunikation mit dieser „Seele" aufzubauen mit dem Ziel, die positive Absicht herauszufinden, um in der Folge nach Wegen zu suchen, wie diese positive Funktion in Zukunft auf eine andere Art und Weise sichergestellt werden kann.

Ich habe es eingesetzt:

➤ in **Seminaren/Kursen** in der Regel zum Tagesabschluß, als Vorbereitung auf den nächsten Tag,
  ① wann immer der Wunsch, ruhiger, gelassener zu werden, Thema war,
  ② wenn ein Symptom, ein Verhalten im Vordergrund stand, das zuverlässig auftritt, obwohl man es nicht will,

➤   in der **NLP-Ausbildung,** zur Einführung in das Modell *Six Step-Reframing,*
➤   in der **Einzelberatung.**

Vorstellbar ist auch ein Einsatz in Rahmen von Team-Entwicklung.

## 2.3.9. Herr Braun und das Bauvorhaben

### „Zwei Seelen in meiner Brust schließen Frieden."

Der Wunsch von Herrn Braun, ein Haus zu bauen, kann in diesem Fall Metapher sein für jedweden Wunsch, im Leben eine größere Veränderung vorzunehmen.

Mit der Geschichte wollte ich im wesentlichen auf zwei Aspekte aufmerksam machen, die man in Betracht ziehen sollte, wenn man im Grunde alle Fähigkeiten besitzt, doch entweder im Stillstand verharrt oder wie der Volksmund sagt, zwei Schritte vor und wieder einen zurück macht:

➤   es kann daran liegen, daß man nicht „richtig" an die Zielerreichung glaubt (daß das Ziel überhaupt erreichbar ist oder daß **ich** das Ziel erreichen kann),
➤   vielleicht steht der Glaube daran, daß man es schafft, in Konflikt mit einem anderen, der charakterisiert sein mag durch Zweifel, Sicherheitsbewußtsein, etc.

Die Geschichte wirkt insbesondere – ähnlich wie das Märchen *„Tag und Nacht"* – durch zwei Mechanismen. Den ersten möchte ich so beschreiben: die **Erleichterung** darüber, daß man weder verrückt, schizophren noch willensschwach ist, wenn man zwei „Seelen" hat, von der die eine mitunter auch noch vollkommen inkognito aus dem Hinterhalt arbeitet. Den zweiten Effekt möchte ich als **Hoffnungsschimmer** bezeichnen. Die Tatsache, daß man diese zweite Seele nicht einfach los wird, vermittelt nicht selten den Eindruck, „vom Teufel geritten zu sein", für den es keine vernünftige Erklärung gibt. Daß hinter dem Teufel vielleicht ein Engel stehen kann, dieser Hoffnungsschimmer ist die zweite bedeutende Wirkung der Geschichte.

**Einsatzmöglichkeiten**

*Ich weiß ganz genau, daß ich es kann, aber ich nehme es einfach nicht in Angriff.*
*Das ist doch verrückt. Es kann doch nicht sein, daß ich nicht glücklich sein will!*
*Ja, ja, der innere Schweinehund ...*
*Vielleicht will ich es gar nicht?!*
*Ich stehe mir selbst im Wege.*

Ich habe sie vorgelesen:

➤  in **Seminaren**, in denen explizit Glaubenskonflikte im Mittelpunkt standen,

➤  wenn ich tagsüber „nur" eine Technik – Entspannungsverfahren, Zeitorganisation, eine Strategie: z.B. sich positiv zu motivieren, oder die *Wohlgeformte Zielformulierung* – vermittelt hatte, und ich abends das „ja, aber ..." in den Gesichtern sah. Dann wollte ich die Idee säen, daß zur Umsetzung eines Zieles zum einen alle Persönlichkeits„teile" einverstanden sein müssen, und zum anderen ein entsprechender Glaube daran, daß man das Ziel auch erreicht, existieren muß. Das Wissen darum kann viele sinnlose Bemühungen um neue Verhaltensweisen (Techniken) ersparen.

➤  in **NLP-Ausbildungsseminaren:**

   ①  zur Verdeutlichung des Begriffs *Ökologie*: „Eine Veränderung wird nur von Dauer sein, wenn auch die anderen Ziele der Person berücksichtigt werden",

   ②  abends, als Vorbereitung auf das am nächsten Morgen auf dem Programm stehende Thema: Glaubenssätze (im Konflikt),

➤  im Rahmen von **Einzelberatung** bei „Glaubensfragen".

Ein befreundeter Dozent hat sie sogar dazu benutzt, das Vorgehen beim Schlichten von Paaren zu verdeutlichen, nach dem Motto: „Wenn zwei sich streiten, verdirb dir nicht den Spaß, indem du Partei ergreifst."

## 2.3.10 Zera
. . . . . . . . . . . . . .

**„Die Vergangenheit eingeholt"**

Die Menschen sagen: „Das – was passiert ist – muß sie/er erst noch *verarbeiten*."
Diese Aussage – einem Urteil gleich – bei der es anders als bei sächlichen Wert-
stoffen um das menschliche Innenleben geht, empfand ich schon immer deprimie-
rend. Ein jedes Mal frage ich mich: **Wie** denn? Und warum sagt diesen armen
Menschen denn keine/r, wie diese Verarbeitung schnell und einfach geht.

Das Märchen beschreibt den Weg des *Einstein'schen Integrationsmodells*. Es zeigt
die Möglichkeit auf, aus der (*assoziierten*) Position der/des in der Vergangenheit
„Verhafteten" auszusteigen, um von außen eine Neubewertung der eigenen
Geschichte vornehmen zu können.

**Einsatzmöglichkeiten**

> *Ich könnte es (erreichen/tun), aber irgend etwas hält mich zurück/fest.*
> *Ich komme einfach nicht darüber hinweg.*
> *Ich glaube, wenn ich das, was ich mir vorgenommen habe, in die Hand*
> *nähme, dann wäre ich ein anderer Mensch.*
> *Gewisse Sachen wird man einfach nicht los.*
> *Ich weiß ganz genau, warum ich so geworden bin, aber ich kann es nicht*
> *ändern.*

In **Seminaren** habe ich das Märchen gerne zum Schluß eines Tages eingesetzt,
wenn zuvor Diskussionen darüber aufgetreten waren, ob die Wirkung negativer
Prägungen so veränderbar sei, daß man mit der Vergangenheit Frieden schließen
könne, um den Blick frei zu haben für eine „selbstgeprägte" Zukunft. Eingeleitet
habe ich es mit den Worten: „Es gibt da diesen Ort der Weisheit ..."

Im Rahmen der **Einzelberatung** habe ich es mitunter mit auf den Weg gegeben,
wenn Klienten äußerten, daß ihnen das Wissen um Ursachen in ihrer Vergangenheit bei der Problemlösung nicht helfen würde.

## 2.3.11 Das magische Bild

Wenn Teilnehmer oder Klienten den Wunsch äußern, ruhiger werden zu wollen, weniger Streß zu haben, und ich sie frage, wann sie diesen Zustand schon einmal erlebt haben, bekomme ich nicht selten die Antwort: „Im Urlaub." Fragt man weiter, was genau dort anders war, hört man oft: „Das Leben dort, die Menschen sind einfach anders. Und jedesmal nehme ich mir vor, mich nicht mehr von der Alltagshektik mitreißen zu lassen, aber nach einer gewissen Zeit ..." Ohne die entsprechende Welt um sie herum können sie diesen Zustand nicht aufrechterhalten.

Bei diesem Märchen geht es nicht um ein konkretes Ziel, sondern um unser „Sein", um die Frage, welche **Werte** – Erfolg, Liebe, Sicherheit etc. – uns im Leben wichtig sind. Die individuelle Rangfolge bestimmt das Verhalten im Alltag. Eine Veränderung der Rangfolge hat massive Auswirkungen auf unser Verhalten.

Die Wirkungsmechanismen dieses Märchens sind:

➤ es spiegelt in beispielhafter Weise den verzweifelten Versuch, sich dem Druck der Umgebung entziehen, ihm etwas Eigenes entgegensetzen zu wollen,

➤ es entlastet, weil es aufzeigt, daß das Bewußtsein mit seinem Instrument einer inneren Stimme – „Du solltest aber ..., morgen wirst du ..." – im Kampf gegen die „Magie" der Bilder, die unsere Werte repräsentieren, einfach machtlos sein muß,

➤ es zeigt einen Weg auf für die Veränderung der Wichtigkeit von Werten/Kriterien, die unser Verhalten bestimmen,

➤ es macht auf das Ausmaß möglicher Konsequenzen aufmerksam, wenn man die Prioritäten verändert (*Ökologie*).

### Einsatzmöglichkeiten

*Ich möchte für immer anders sein.*
*Jedes Mal im Urlaub nehme ich mir vor, es ab jetzt anders zu machen,*
*doch das Tagesgeschäft holt mich schnell wieder ein.*
*Ich weiß, ich schade mir mit diesem Verhalten nur, aber ich kann es nicht*
*ändern.*
*Ich halte das eine Weile durch, und dann werde ich wieder „rückfällig".*

Ich habe es primär in der **Einzelberatung** eingesetzt, wenn jemand darüber klagte, daß er aufgrund gesundheitlicher Probleme ruhiger, gelassener werden *müsse*, es aber einfach nicht schaffen und im Alltag schlichtweg vergessen würde. Er/sie könne sich noch so oft sagen, daß es falsch sei, was er/sie mache, aber ... Ich überreichte es dann mit dem Vorschlag, sich dieses Märchen einmal durchzulesen. Unter Umständen wäre es ein interessanter Ansatz, den man weiterverfolgen könne. Wann immer es auf Anklang stieß, brauchte ich nicht mehr viele Worte über die Macht unserer inneren Bilder/Leitmotive zu verlieren, sondern konnte „loslegen".

## 2.3.12 ... und es kann nun doch ganz anders sein

**„Alles hat seine Grenzen?"**
**„Nein! Alles hat meine Grenzen."**

Wenn jemand sagt, man könne sie/ihn nicht in Trance versetzen, dann lesen Sie vielleicht einmal diese Geschichte vor. – Daraus erwacht man und fragt sich: „Was war das denn gerade?" So schnell wird es keine/r beantworten können. Doch, selbst wenn Sie als Vorleser/in im erstem Moment nur Unverständnis ernten, die Geschichte wird ihre Botschaft senden:

> *Träume! Laß deinen Gedanken freien Lauf, denn was mag es alles geben,*
> *(an) das du bisher noch nicht gedacht hast?*
> *Du wirst die Sehnsucht danach noch nicht kennengelernt haben,*
> *die ein Motor dafür sein kann, es erreichen, erleben zu wollen.*
> ***Und** – alles, was denkbar ist, ist möglich.*

Die Geschichte eignet sich besser zum Zuhören als zum Lesen.

**Einsatzmöglichkeiten**

Ich habe sie immer dann eingesetzt, wenn ich Mut zu Kreativität machen wollte; Kreativität, die zunächst frei ist von Gedanken an die Machbarkeit von Zielen und Lösungen. Da der Ausgangspunkt der Geschichte die Kommunikation zwischen zwei Lebewesen beschreibt, die auf den ersten Blick so grundverschieden sind, eignet sie sich auch für die Suche nach Lösungen bei Konflikten (Paare und Gruppen). Ich habe sie so manches Mal eingesetzt, wenn Teilnehmer/innen einer Gruppe um ein gemeinsames Ziel gerungen haben. Nach einer Seminarpause habe ich dann zunächst – ohne auf den inhaltlichen Bezug zum Thema näher hinzuweisen – die Geschichte vorgelesen.

Das Buch unter dem Arm schloß sie auf, ließ hinter sich die Tür ins Schloß fallen und blickte in den dunklen Flur. Für einen kurzen Moment schloß sie die Augen, verzog den Mund zu einem siegesbewußten Lachen und dachte: „Ich habe es geschafft. Ich habe **nur** vorgelesen." – Sie zwang sich zurück in die Realität, knipste das Licht an, ging geradewegs ins Arbeitszimmer, legte das Buch auf den Schreibtisch, ging hinüber ins Eßzimmer, ergriff die halbvolle Weinflasche, goß sich ein Glas ein und setzte sich aufs Sofa.

Im Arbeitszimmer: Für eine Weile herrschte Stille, doch dann plötzlich eine gedämpfte Stimme aus Richtung des Regals: „Und wie war's?" Es war der Seminarordner. Keine Reaktion. „Nun sag schon, wie war's, so schlimm kann es doch nicht gewesen sein", nochmals ungeduldig der Seminarordner. Wieder nur Stille. Auf einmal ertönte in spitzem Ton das Buch: „Wieso bist du noch wach? Warst wohl neugierig, was? Zum ersten Mal warst du nicht dabei. Das muß hart für dich gewesen sein. Aber", die Stimme wechselte jetzt zum Gönnerhaften, „um es kurz zu machen, sie hat sich zweimal verhaspelt, ansonsten lief es." Schweigen. Nach einer kleinen Ewigkeit stöhnend der Seminarordner: „Nun laß dir nicht alles aus der Nase ziehen!" Dabei hopste er ungeduldig auf und ab, was ihn unsanft gegen die Unterseite des nächsthöheren Regalbretts stoßen ließ. Zögernd das Buch: „Also, es ist schon komisch, jetzt gibt es mich mehrfach. Da lagen all die anderen auf einem Stapel ..." Es wurde unterbrochen: „Na, du bist ja auch kleiner geworden, zum Ausgleich dann halt doppelt und dreifach. Dir geht es einfach so wie den Menschen, die werden mit zunehmendem Alter auch kleiner und kompakter, und vermehren tun sie sich auch ..." Weiter kam er nicht, man sah nur noch etwas schemenhaft durch den Raum fliegen, am Regal vorbeischrammen und mit einem dumpfen „Plapp" auf dem Teppichboden landen. Wieder Stille. Nach einer Weile, rumorend von unten: „Du, du – Ekelpaket." Von oben mit dünner Stimme: „Tja, wer hoch hinaus will ..."

Am nächsten Morgen: Schlurfende Schritte näherten sich dem Arbeitszimmer. Es waren nicht *ihre*, nein: *er* trat ein. Sich das Kinn reibend, schaute er umher, erblickte das Buch auf dem Boden, hob es kopfschüttelnd auf und schob es, die Eselsohren glättend, ins Regal.

**Ein Satz von *ihr*:**

*Märchen, Geschichten können das Unbewußte reich beschenken,
weil sie ein sehr respektvoller Umgang mit dem Bewußtsein sind.*

## NLP in Stichpunkten

### Geschichte

Anfang der 70er Jahre stellten sich der Informatiker **Richard Bandler** und der Linguist **John Grinder** die Frage: Was machen eigentlich die Spitzenkönner exzellenter Kommunikation instinktiv richtig? In einem ersten Schritt untersuchten sie die Arbeitsweise der großen Therapeuten: *Fritz Perls* (Gestalttherapie), *Virginia Satir* (Systemik, Familientherapie) und *Milton Erickson* (Hypnotherapie). Bis ins kleinste Detail beobachteten sie: Wie verhalten sie sich? Wie bewegen sie sich? Welche Worte benutzen sie? Wie denken sie? An was glauben sie? Das Ziel von Bandler und Grinder beschränkte sich jedoch nicht nur auf die Feststellung von Merkmalen, die zum Erfolg führen. Darüber hinaus war ihnen wichtig, Wege zu entwickeln, wie diese Erfolgsstrategien anderen Menschen vermittelt werden konnten. Ausgehend von dieser Untersuchungsreihe entstanden im Laufe der Jahre eine Menge Techniken, die die Verbesserung von Fähigkeiten in den unterschiedlichsten Lebensbereichen betreffen (Musik, Wissenschaft, Kunst, etc.).

### Selbstverständnis

NLP zeigt Wege auf, wie man Fähigkeiten von Menschen – die etwas sehr gut können – herauskristallisiert **und** sich selbst aneignet bzw. anderen vermittelt.

NLP kann hilfreich sein, wenn man:

➤ mit anderen Menschen erfolgreich kommunizieren möchte,

➤ seine persönlichen Fähigkeiten – auf welchem Gebiet auch immer – verbessern möchte,

➤ eine grundlegende Änderung einer Einstellung zu etwas, des Glaubens an etwas oder gar der eigenen Identität anstrebt.

## Bedeutung des Begriffs
## „Neurolinguistisches Programmieren"

**N euro**            Man untersucht die Denkprozesse im Gehirn eines Menschen, der etwas sehr gut kann.

**L inguistisch(es)**  Die verbale und nonverbale Sprache dieses Menschen wird analysiert, um diese Prozesse herauszukristallisieren.

**P rogrammieren**    Beschreibung der Schritte, die notwendig sind, um Denkprogramme verändern zu können.

*Wer NLP kennenlernt, wer eine/n gute/n Lehrer/in für diese Technik findet,*
*wer anfängt, die dahinterstehende Einstellung im Alltag auf die Probe zu stellen,*
*die/der wird feststellen, daß es für beides – Königreich und Königswege –*
*wunderbare, zauberhafte Werkzeuge anbietet.*

Liebe (Vor) Leserin,
lieber (Vor) Leser,

wir freuen uns über – königliche, republikanische, vernünftige, unvernünftige, große und kleine – Anregungen, Rückmeldungen, Märchen, Geschichten, Fragen, ...

Unsere Anschrift:

c/o  Monika Rainer
Longericher Hauptstraße 78
D-50 739 Köln
Tel.: 0221 - 599 49 74

Mit freundlichen Grüßen

*sie*, **der Seminarordner und ich** - das Buch

P.S.:   Sie liest für ihr Leben gerne vor und liebt es, von Märchen und Geschichten zu erzählen – Vernünftiges und Zauberhaftes. Ich glaube, *sie* würde sich über Einladungen freuen.  Ihr Buch

**zu NLP:**

*Andreas, Connirae & Steve*: Mit Herz und Verstand. NLP für alle Fälle. Paderborn: Junfermann, 2. Aufl. 1994

*Andreas, Steve & Faulkner, Charles* (Hrsg.): Praxiskurs NLP. Paderborn: Junfermann 1997

*Gordon, David*: Therapeutische Metaphern. Paderborn: Junfermann, 5. Aufl. 1995

*Mohl, Alexa*: Der Zauberlehrling. Das NLP Lern- und Übungsbuch. Paderborn: Junfermann, 6. Aufl. 1997

*Mohl, Alexa*: Der Meisterschüler. Der Zauberlehrling Teil II. Paderborn: Junfermann 1996

*Rückerl, Thomas*: NLP in Stichworten. Das aktuelle NLP-Lexikon. Ein Überblick für Einsteiger und Fortgeschrittene. Paderborn: Junfermann, 2. Aufl. 1996

*Rückerl, Thomas*: NLP in Action. Die Kunst des NLP als angewandte Psychologie im täglichen Leben und in der professionellen Kommunikation. Paderborn: Junfermann 1997


**zum Lesen:**

*Peseschkian, Nossrat*: Der Kaufmann und der Papagei. Orientalische Geschichten in der Psychotherapie. Frankfurt: Fischer 1996

*Schami, Rafik*: Erzähler der Nacht. Weinheim: Beltz 1995


**um Geschichten zu schreiben:**

*Dilts, Robert*: Kow how für Träumer – Strategien der Kreativität. Paderborn: Junfermann 1994

*Maaß, Evelyne & Ritschl, Karsten*: Phantasiereisen leicht gemacht. Die Macht der Phantasie. Paderborn: Junfermann 1996

JUNFERMANN

# Die Macht der Phantasie

Evelyne Maaß & Karsten Ritschl

Phantasiereisen leicht gemacht

Die Macht der Phantasie

144 S., zahlr. Abb., kart.
DM 19,80
ISBN 3-87387-318-4

Die Phantasie hilft uns, Ziele zu entwickeln, Visionen zu erleben, ein neues Selbstbild zu entwerfen, unsere Werte und Überzeugungen zu entwickeln, wünschenswerte Verhaltensweisen in Gedanken entstehen zu lassen und unsere Identität zu verändern.

Das Geschenk dieser Phantasiereisen ist es, uns selbst die Augen zu öffnen und unseren Geist von seinen Fesseln zu befreien. Sie helfen, verborgene Quellen der Kreativität zu erschließen und auszuschöpfen.

Dieses Buch richtet sich an Menschen, die Lust haben, die eigenen Schätze kennenzulernen und aus den Quellen ihrer Kreativität zu schöpfen. Es kann Phantasien wecken und kreative Potentiale freisetzen und stellt so den Kontakt zu neuen Lösungsmöglichkeiten her.

**Evelyne Maaß,** Diplom-Soziologin, NLP-Lehrtrainerin, Hypno-Therapeutin, Fortbildung in Yoga, Provokativer Therapie, Tanztherapie, Meditation, Familientherapie, Mitautorin von *NLP-Spiele-Spectrum* (JUNFERMANN 1994).

**Karsten Ritschl,** Diplom-Psychologe, NLP-Lehrtrainer, Fortbildungen in Gestalt- und Atemtherapie und Meditation - Trainer, Berater, Coach im Wirtschafts- und Sozialbereich.

**JUNFERMANN VERLAG • Postfach 1840
33048 Paderborn • Telefon 0 52 51/3 40 34**